土地契证中的日军侵华罪证

楼戡定 编著

上海人民出版社

楼哉定　1945 年 11 月生，原杭州大学历史学系毕业。祖籍浙江诸暨，2005 年诸暨市教育局教研室退休，2006 年定居上海。从事中学历史教学和教学教研、学校行政工作数十年。爱好古今土地契证收藏，在全国主要收藏报刊上发表文章四十余篇，参与藏友土地契证书籍编写三本。2017 年 4 月，编著的《红色土地契证集粹》一书由上海人民出版社出版。

前 言

1931年，日本帝国主义发动了侵略中国的“九一八”事变。而后步步深入，至1937年“七七”卢沟桥事变发生，侵华战争全面爆发。中国人民为此经历了长达十四年的抵抗日本帝国主义侵略的战争，终于在1945年9月，取得了中国近代史上第一次反对帝国主义斗争的完全胜利。日寇侵华期间，扶植傀儡政权，对中国人民实行灭绝人性的烧光、杀光、抢光的“三光政策”，开展疯狂的经济掠夺，无恶不作，对中国人民犯下了滔天大罪。铁证如山！

本人是一位古今地契、土地证和田赋税票的收藏爱好者。收藏有明代以来的土地契证五千余份，涵盖全国五十多个新旧建制省（市）六百五十余县。这里展示的土地证、地契、田赋税票，就是从抗日战争时期七百余份藏品中选取的一部分。这些土地契证从一个侧面真实地记录了日本帝国主义侵略中国的罪恶历史，它是日寇对中国进行屠杀和掠夺的铁证，是十分难得的见证日本侵略的实物资料。在当前，展示这些日军侵华实物，对于揭露日本侵略者的罪恶，牢记这一惨痛历史；对于戳穿日本右翼否认、美化和篡改侵略历史的无耻行径，认清他们的可恶用心，具有特别重要的意义。

这些土地契证由于年代的久远，纸品保存的不易，加上不断发生的自然灾害、战乱和政治运动，目前已十分少见，收集难度极大。这是本人历经二十多年收集获得的成果，绝大多数文物是第一次公开亮相。

土地契证中的日军侵华罪证可分为两大类。一类是直接证据：它包括日伪政权直接发放的文件资料和因遭受日军侵略毁失的，被中国农民视为“命根”的，要求当地抗日政府补发的土地房产契约原始申请资料，以及当地抗日政府经审核后补发的土地房产所有权证。这些“补契”有名有姓，有发生的时间、地点和原因，还可看到日军的侵略路线、“扫荡”频率，弥补了历史档案记载的不足。另一类是间接证据：它包括中国共产党和抗日民主政权处理的有关日本侵略的土地房产文件资料，以及抗日军队在抗日过程中的史料。这些都是中国独特的历史文献，是研究中国抗日战争史的第一手资料。

为给一些抗日战争史研究者和土地契证研究者提供研究的原始素材，本书对部分契约原文作了抄录，并对个别方言用字和错别字作了更正（文中括号内为作者所改）。

本书着力以图说史，用史实说话，以无可辩驳的事实依据，揭露日本帝国主义侵略中国的罪恶勾当。希望本书能在声讨日本帝国主义的侵略罪行，捍卫历史正义，弘扬民族正气，争取人类和平方面发挥它应有的作用。

目　录

前　言 …… 001

一、伪满洲国土地执照 …… 001

二、伪满洲国田赋税票 …… 038

三、制造千里“无人区”集家并村契约 …… 050

四、因日军侵略失去的房地契“补契” …… 058

（一）因日寇“扫荡”失去的房地契补契 …… 058

（二）因抗日群众“坚壁清野”失去的房地契补契 …… 128

（三）因国民政府抗日部队失去的房地契补契 …… 138

五、地方傀儡政权的土地契证 …… 149

六、没收汉奸财产分配给村民的房地契……157

七、见证日寇侵略的其他土地契证……164

主要参考文献……173

后　记……174

一、伪满洲国土地执照

1931年“九一八”事变后，日本帝国主义占领了中国东北三省，次年扶植清末逊位皇帝爱新觉罗·溥仪，建立了“满洲国”。溥仪任“执政”，年号“大同”。1934年3月，伪满洲国改行帝制，溥仪由“执政”改称“皇帝”，改“满洲国”为“满洲帝国”，年号改为“康德”。日本控制着伪满洲国的政治、经济、军事、外交乃至组织人事大权，实行殖民统治。

伪满洲国建立之后，日本侵略军在东北实行武装占领的同时，着手进行对东北的土地掠夺。1936年8月日本广田弘毅内阁通过了“二十年百万户移住计划案”，把向中国东北移民列为日本的国策之一。这是一个庞大的计划。目标是从1936年起，在20年内向中国东北移居日本农业开拓民100万户，500万人，移民用地1 000万顷。这样，从1937年起，日本开始了大规模向中国东北的移民侵略。

1936年（伪满康德三年）“满洲帝国”颁布了“土地审定法”，1937年（伪满康德四年）又颁布了“不动产登录法”及同法实行法，开始对东北全境原土地所有者的土地进行重新丈量。令土地所有者申报土地之所在，通报四至、地种、面积、等级，并提供土地邻户之证明。经测量核实产权后，依照1936年颁布的“土地审定法”，对土地所有者重新发证。

凡未确权的原皇产地、公有地及“无土地契约之土地”皆收回“国有”（实为日本殖民者所有）。通过这种地籍管理，日伪全部控制了“国有”、公有和私有土地。它对外宣称，将利用土地充足移民用地，而实际上这些分配给日本移民的土地，都是侵占中国农民的良田。为稳定日本农业移民，还推行殖民主义的土地制，确立开拓农地世袭家产制。为防止移民用地分散，一般以200—300户为一“开拓团”。此后日本移民便成了“日本开拓民”。但是，他们占有大量耕地，却无力自己耕种，于是就纷纷租给中国农民以收取地租。其租额一般占农民收获量的50%—60%，不管收成如何，必须如数缴粮。有的农户缴了租粮后所剩无几，日本开拓民便借机用强买、诱买或“参押”，即让农民以土地执照作抵押获得兑款等方法掠夺农田，逼得农民不得不到偏僻的坡地、草地开荒（这样的土地叫“后开土地”）。

地籍整理的过程，是日本帝国主义实行殖民土地制的过程，伪满政府则是日本侵略者的走狗和帮凶。这些伪满“土地执照”印记着日本帝国主义疯狂推行殖民土地制的罪恶行径，流淌着中国农民的血和泪。

1. 伪满大同元年（1932 年）黑龙江省哈尔滨市不动产收件单（图 1）

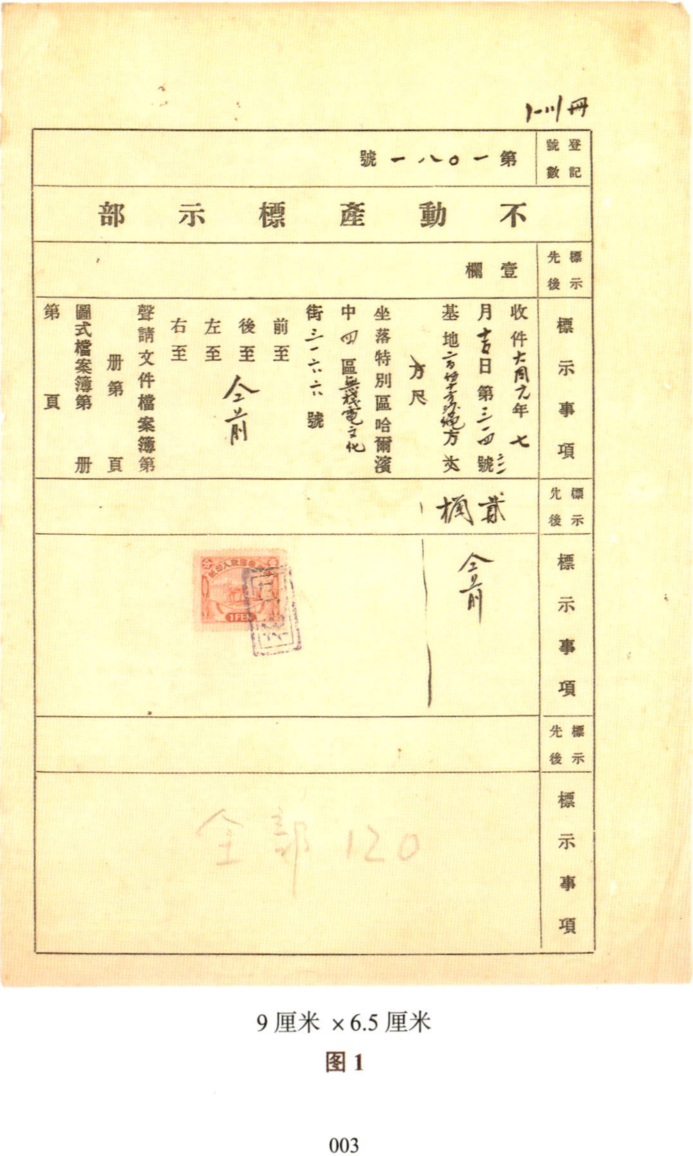

登記號數 第一八〇一一號

不動產標示部

標示先後 壹欄

標示事項

收件大同元年七月十三日第三二四號

基地 方尺

坐落特別區哈爾濱中四區

街三一六號

前至

後至

左至

右至

聲請文件檔案簿第 冊第 頁

圖式檔案簿第 冊第 頁

標示先後

標示事項

標示先後

標示事項

全部120

9 厘米 ×6.5 厘米

图 1

2. 伪满康德四年（1937 年）锦州省义县土地执照（图 2）

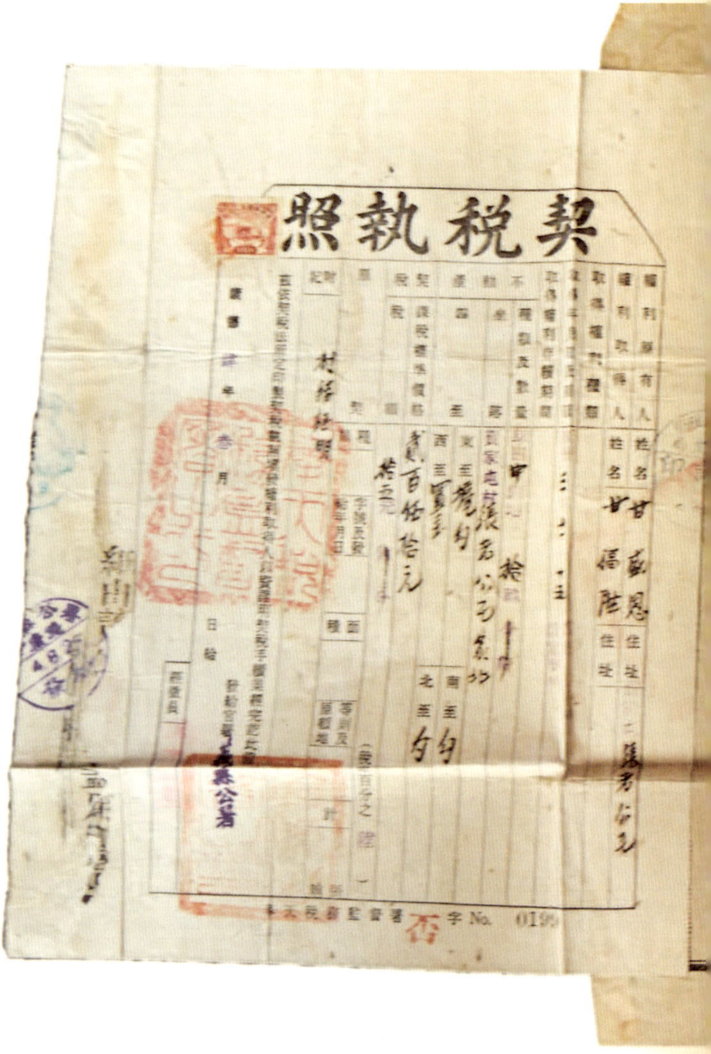
契税執照

左 22.5 厘米 ×29.5 厘米　右 29.5 厘米 ×35.5 厘米

图 2

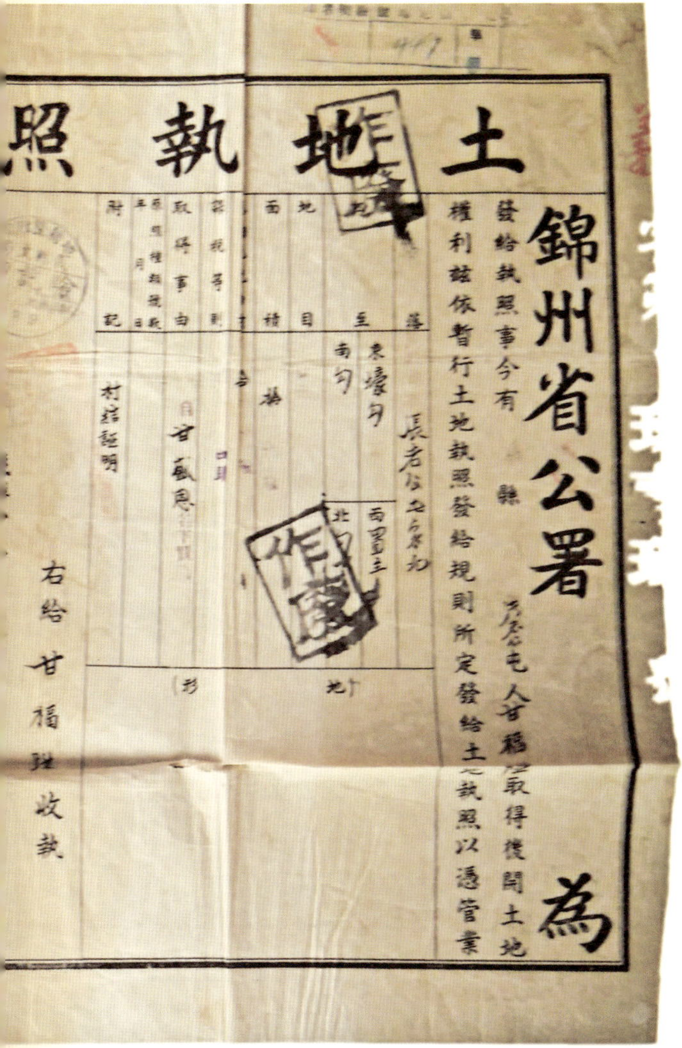

土地執照

錦州省公署為

發給執照事今有　縣大岔屯人甘福取得後開土地

權利茲依暫行土地執照發給規則所定發給土地執照以憑管業

落	長台子屯
至	東壕 南 西 北
地目	
面積	
課稅等則	
取得事由	
原照種類號數 年月日	
附記	村總證明

右給甘福收執

锦州省：1934 年为伪满洲国所设，由奉天省及热河省部分地区析置。1945 年 8 月，伪满洲国覆灭，锦州省随之撤销。

3. 伪满康德四年（1937 年）滨江省海伦县土地执照（图 3）

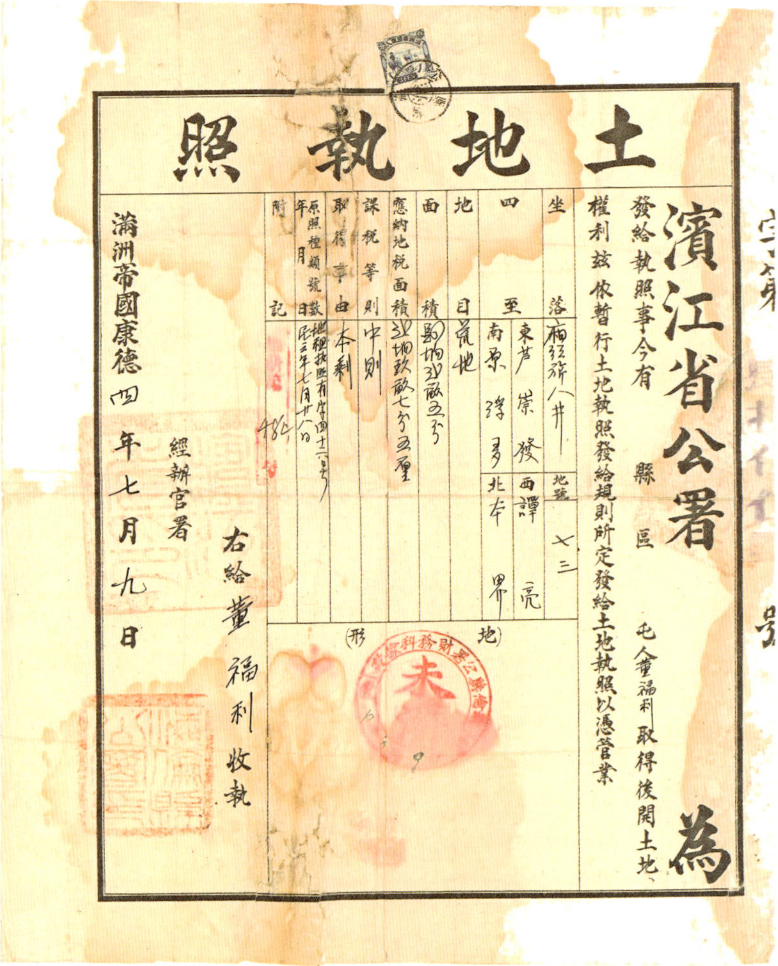
土地執照

濱江省公署 為

發給執照事今有 縣 區 董福利 取得後開土地、

權利兹依暫行土地執照發給規則所定發給土地執照以憑管業

坐落	四至	地目	面積	應納地稅面積	課稅等則	取得事由	原照種類號數年月日	附記
地號 七三	東 西 南 北	荒地			中則			

地形

右給董福利收執

經辦官署

滿洲帝國康德四年七月九日

29.5 厘米 ×35.5 厘米

图 3

滨江省：位于黑龙江地区南部。1934年12月为伪满所设。1945年8月，伪满洲国覆灭，滨江省随之撤销。

4. 伪满康德五年（1938年）辽宁省开原县土地执照（图4）

这是伪满康德五年始，伪满洲国统一发布的“土地执照”。

封面的图案中加有伪满洲国国旗。其内容与中国传统土地证相比，有以下几点不同：（1）土地面积按平方米计算；（2）土地分级极细，级差很大，笔者藏品中可以看到五十三级、五十八级、六十级等；（3）执照背面注意事项有日文；（4）执照印纸下方，对着日光可见“地籍整理局”或“地籍总局”防伪水印文字。

背面右页是共有人名簿，分别有持分、住所、姓名三栏；左页为中、日文“注意”事项。

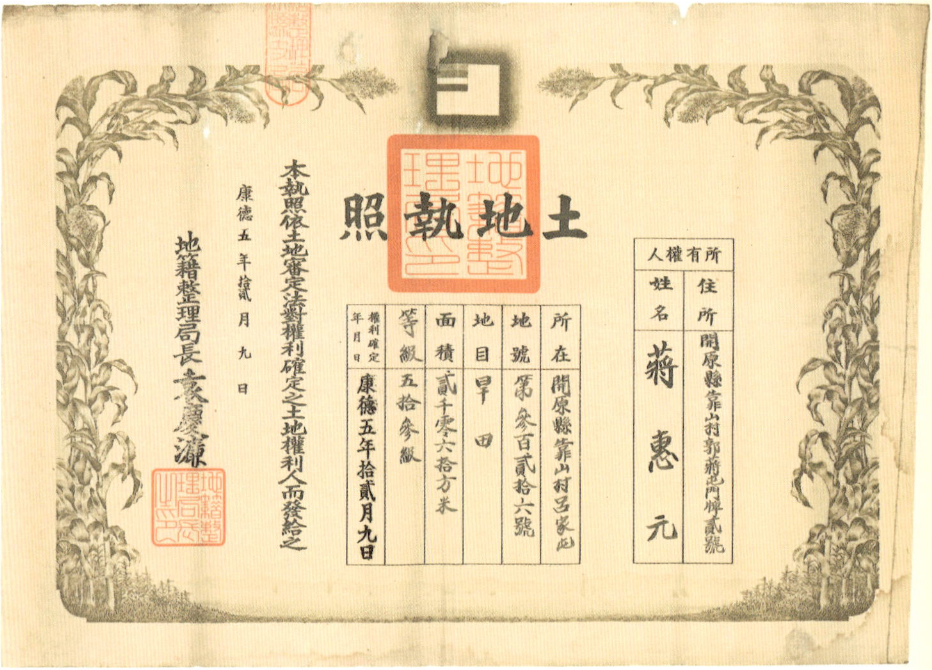

土地執照

所有權人	
住所	開原縣靠山村郭蔣屯門牌貳號
姓名	蔣惠元

所在	地號	地目	面積	等級	權利確定年月日
開原縣靠山村呂家屯	第參百貳拾六號	旱田	貳千零六拾方米	五拾參級	康德五年拾貳月九日

本執照依土地審定法對權利確定之土地權利人而發給之

康德五年拾貳月九日

地籍整理局長 袁慶濂

39 厘米 ×27 厘米，左为正面，右为背面

图 4

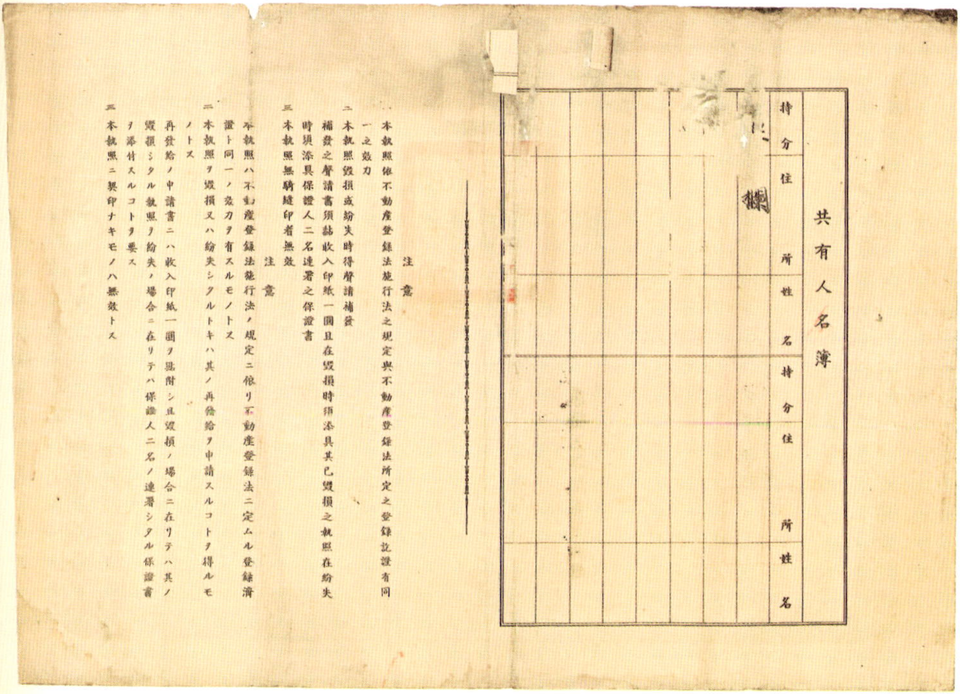

共有人名簿

持分 住所 姓名

持分 住所 姓名

注意

一 本執照依不動產登録法施行法之規定與不動產登録法所定之登録訖證有同一之效力

二 本執照毀損或紛失時得聲請補發

補發之聲請書須黏收入印紙一圓且在毀損時須添具其已毀損之執照在紛失時須添具保證人二名連署之保證書

三 本執照無騎縫印者無效

注意

一 本執照ハ不動產登録法施行法ノ規定ニ依リ不動產登録法ニ定ムル登録濟證ト同一ノ效力ヲ有スルモノトス

二 本執照ヲ毀損又ハ紛失シタルトキハ其ノ再發給ヲ申請スルコトヲ得ルモノトス

再發給ノ申請書ニハ收入印紙一圓ヲ貼附シ且毀損ノ場合ニ在リテハ其ノ毀損シタル執照ヲ紛失ノ場合ニ在リテハ保證人二名ノ連署シタル保證書ヲ添付スルコトヲ要ス

三 本執照ニ契印ナキモノハ無效トス

5. 伪满康德六年（1939 年）辽宁省复县土地执照（图 5）

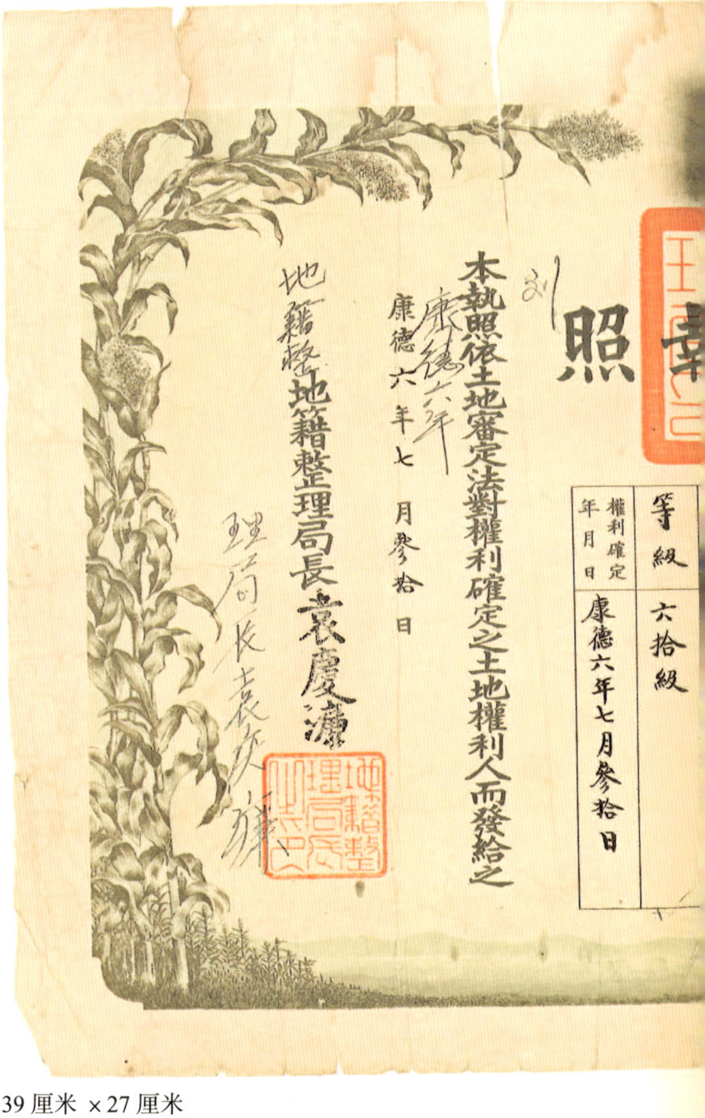

39 厘米 ×27 厘米

图 5

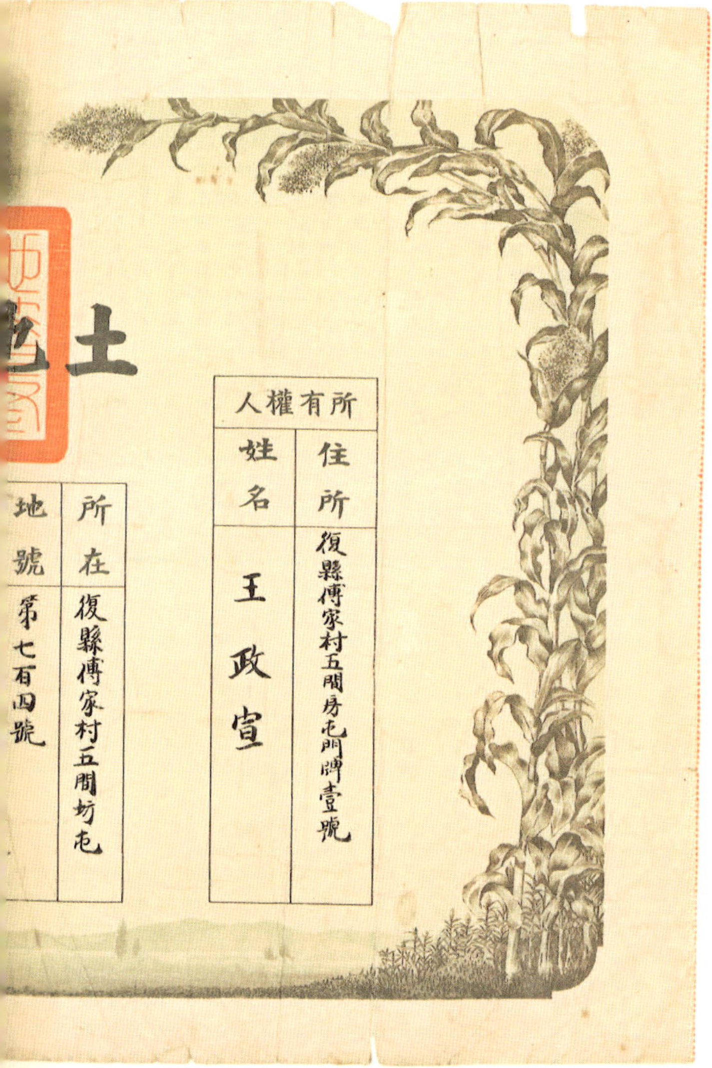

土

所有權人

住所：復縣傅家村五間房屯門牌壹號

姓名：王政宣

所在：復縣傅家村五間坊屯

地號：第七百四號

6. 伪满康德七年（1940 年）辽宁省庄河县土地执照（图 6）

39 厘米 ×27 厘米

图 6

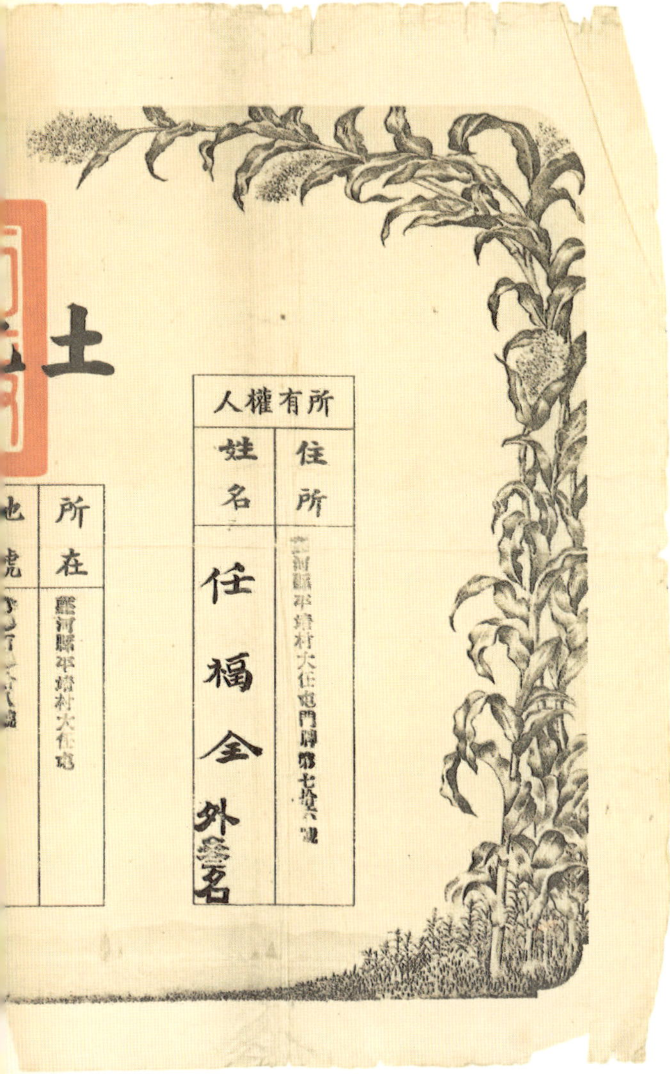

土

所有權人

住所	姓名
熱河縣平靖村大任屯門牌第七拾六號	任福全 外簽名

所在	地號
熱河縣平靖村大任屯	[illegible]

7. 伪满康德八年（1941 年）辽宁省义县土地执照（图 7）

伪满康德七年（1940 年），伪满地籍整理局更名为“地政总

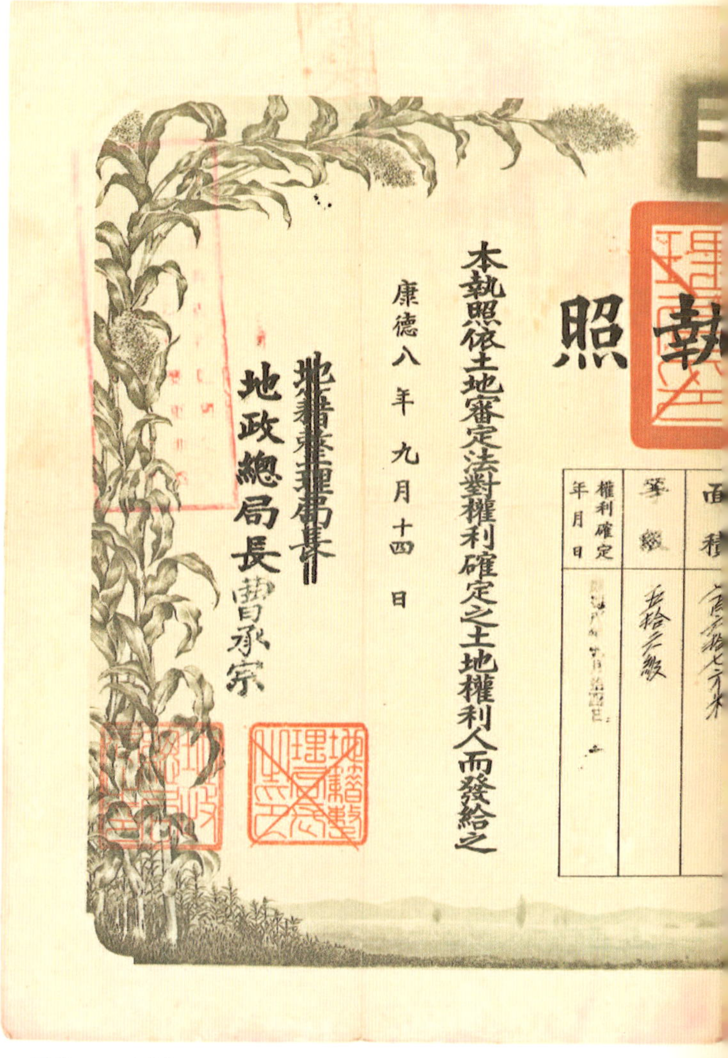
執照

本執照依土地審定法對權利確定之土地權利人而發給之

康德八年九月十四日

地籍整理局長

地政總局長 曹承宗

面積	等級	權利確定年月日
	五拾六級	

39 厘米 ×27 厘米

图 7

局”，土地执照颁发机关也随之易名。这张土地执照在原照上废去了原来的“地籍整理局印”印章，盖上了新的“地政总局印”的新印章。

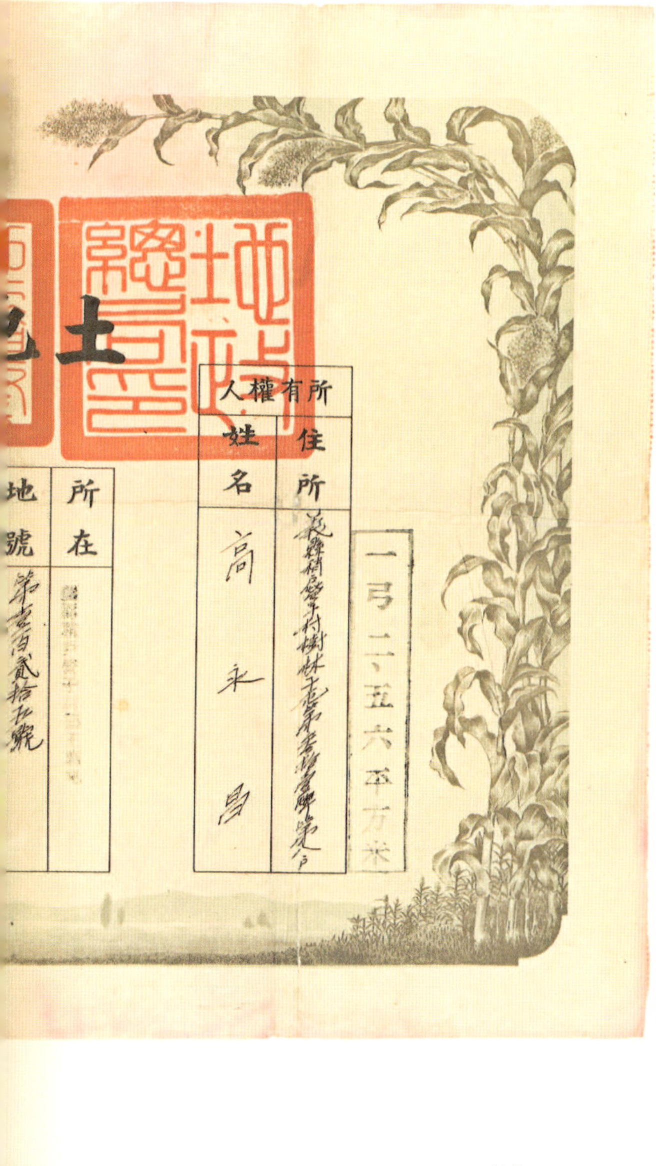

8. 伪满康德八年（1941 年）9 月辽宁省北镇县土地执照及本契（图 8）

这张土地执照左边粘了民国三十六年（1947 年）11 月，辽

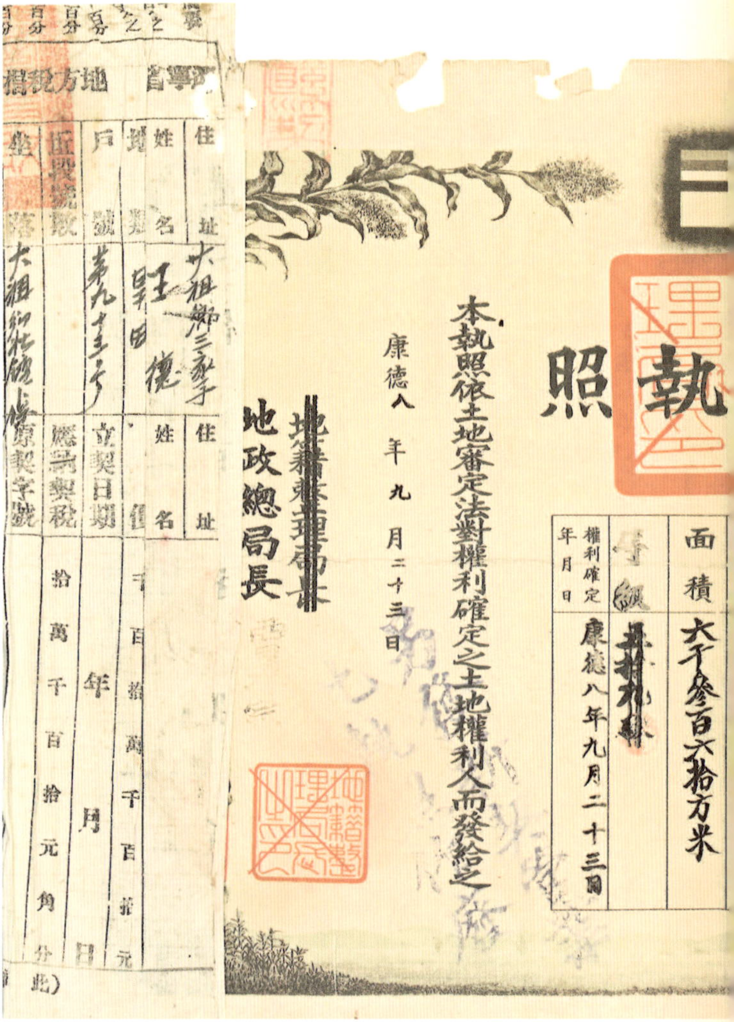
執照

面積 六千叁百六拾方米

權利確定年月日 康德八年九月二十三日

本執照依土地審定法對權利確定之土地權利人而發給之

康德八年九月二十三日

地籍整理局長

地政總局長

住址 大祖鄉三家子

姓名 王德

戶號

地方稅捐

應納契稅 拾萬千百拾元角分

立契日期 年月日

左 8 厘米 ×34 厘米　右 39 厘米 ×27 厘米

图 8

宁省地方税捐征收局印发的卖买契本契，上有“契税条例摘要”。原土地执照上盖有“另发新契管业，此执照作废”蓝色戳。这说明日本投降后，对该户的土地作了重新登记，户主的九亩五分四厘土地面积未有变化，“应纳契税”栏为空白。

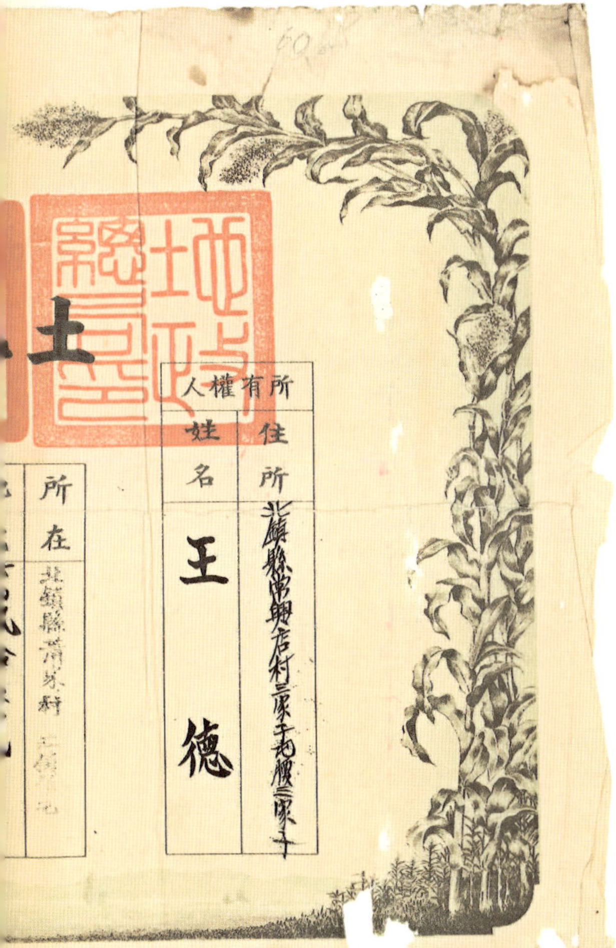

9. 伪满康德九年（1942 年）辽宁省新民县土地执照（图 9）

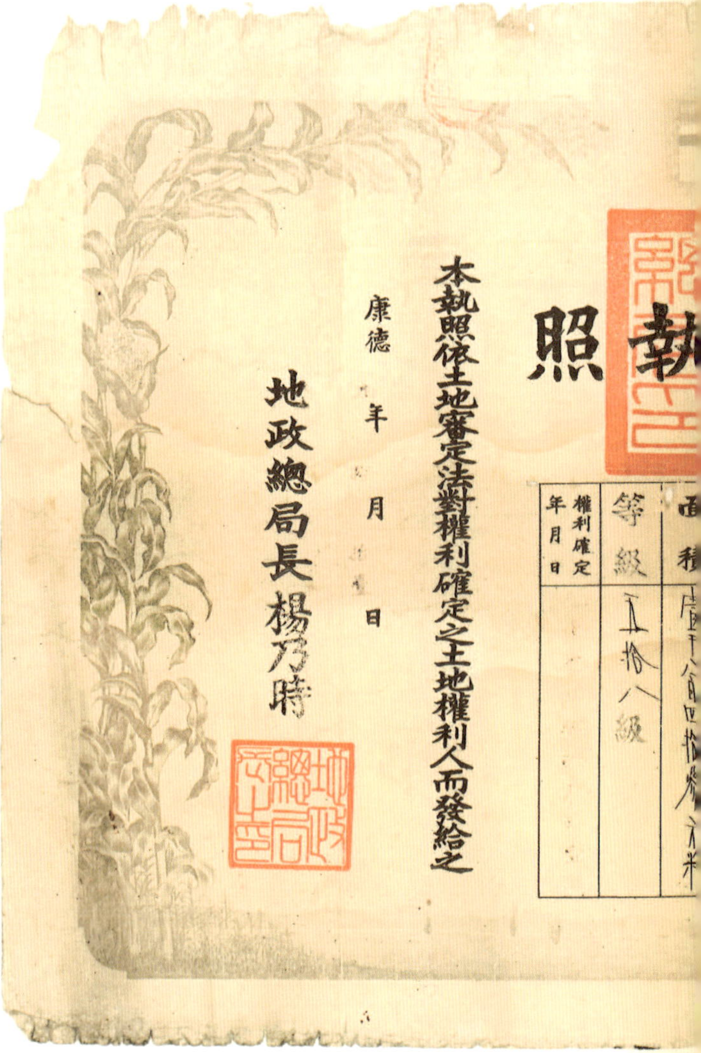

39 厘米 ×27 厘米

图 9

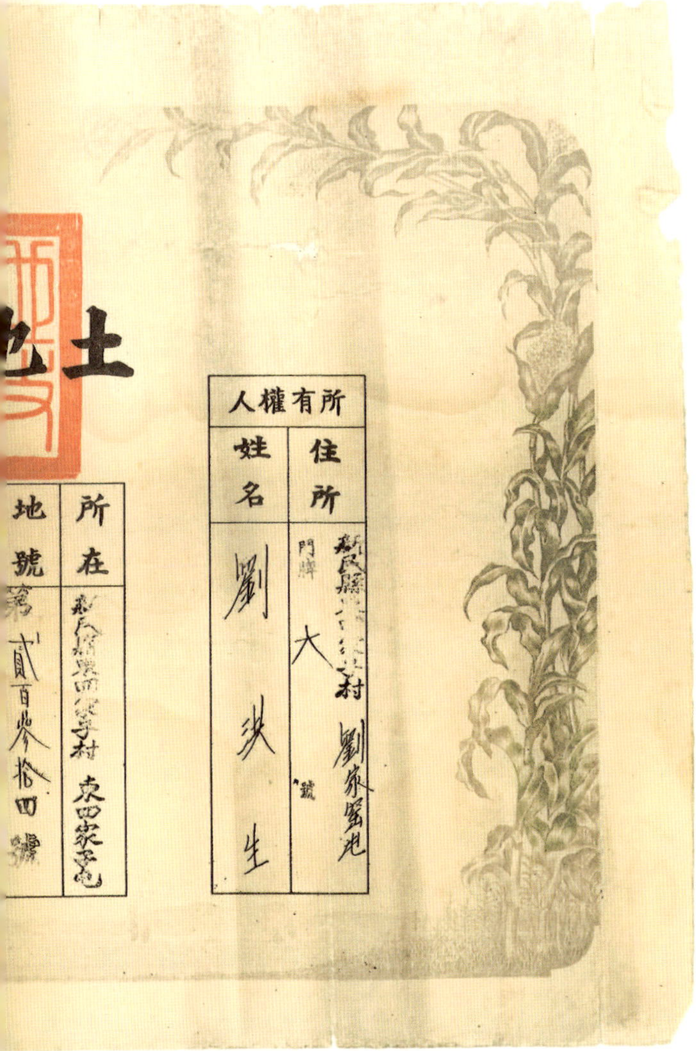

土

所有權人	
住所	新民縣……村 劉家窩堡　門牌 大 號
姓名	劉洪生

所在	地號
新民縣……村 東四家子屯	第貳百參拾四號

10. 伪满康德十年（1943 年）辽宁省西丰县土地执照（图 10）

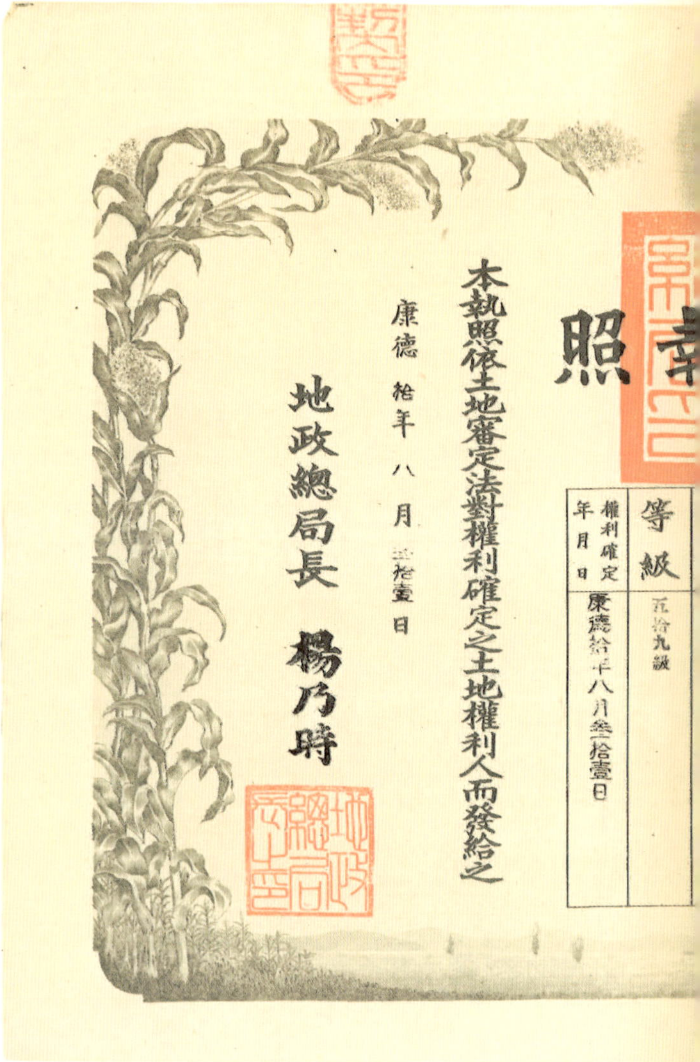

照

等級	權利確定年月日
五拾九級	康德拾年八月叁拾壹日

本執照依土地審定法對權利確定之土地權利人而發給之

康德拾年八月叁拾壹日

地政總局長 楊乃時

39 厘米 ×27 厘米

图 10

土地

所有權人	
住所	姓名
西豐縣羽隆村萬和屯門牌六百貳拾六號	唐國興

所在	地號	地目
西豐縣羽隆村萬羽屯	第五百四拾八號	[illegible]

11. 伪满康德九年（1942 年）辽宁省开原县土地买卖证书（图 11）

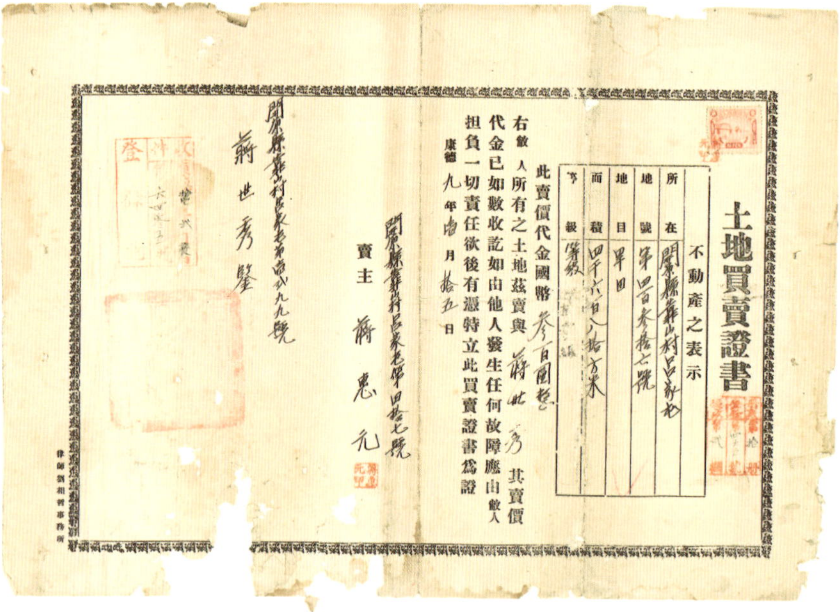
土地買賣證書
不動產之表示
所在 開原縣靠山村呂家屯
地號 第四百叁拾六號
地目 旱田
面積 四千六百八拾方米
等級
此賣價代金國幣叁百圓整
右敝人所有之土地茲賣與蔣世秀其賣價代金已如數收訖如由他人發生任何故障應由敝人担負一切責任欲後有憑特立此買賣證書爲證
康德九年四月拾五日
賣主 蔣惠元
蔣世秀鑒

39 厘米 ×27.5 厘米

图 11

土地买卖证书①

不动产之表示	
所　在	开原县靠山村吕家屯
地　号	第四百叁拾六号
地　目	旱田
面　积	四千六百八拾方米
等　级	

① 本书楷体字部分为对契约原文所作的抄录，个别方言用字和错别字用括号说明或订正，原文中涉及“满洲国”及其年号按原文照录，下同。

此卖价代金国币叁百元整

右敝人所有之土地，兹卖与蒋世秀。其卖价代金已如数收讫，如有他人发生任何故障，应由敝人担负一切责任。欲后有凭，特立此买卖证书为证。

康德九年壹月拾五日

开原县靠山村吕家屯第四拾七号

卖主　蒋惠元（章）

开原县靠山村吕家屯第壹贰九九号

蒋世秀　鉴

上盖县印、收件登记等戳，贴伪满壹角印花税票一枚。

12. 伪满康德十年（1943年）辽宁省锦西县土地买卖证书（图12）

土地买卖证书

——地籍之表示

锦西县沙锅屯村小梨树沟屯第八拾叁号

——旱　田

四千壹百叁拾五方米

等　级

六十四级

此卖价代金国币叁佰贰拾元

右土地今卖与王朋扬，代金如数收讫属实，如由他人生故障等负一切之责任。兹为后日之纠纷立此买卖证书为证。

康德拾年拾月八日

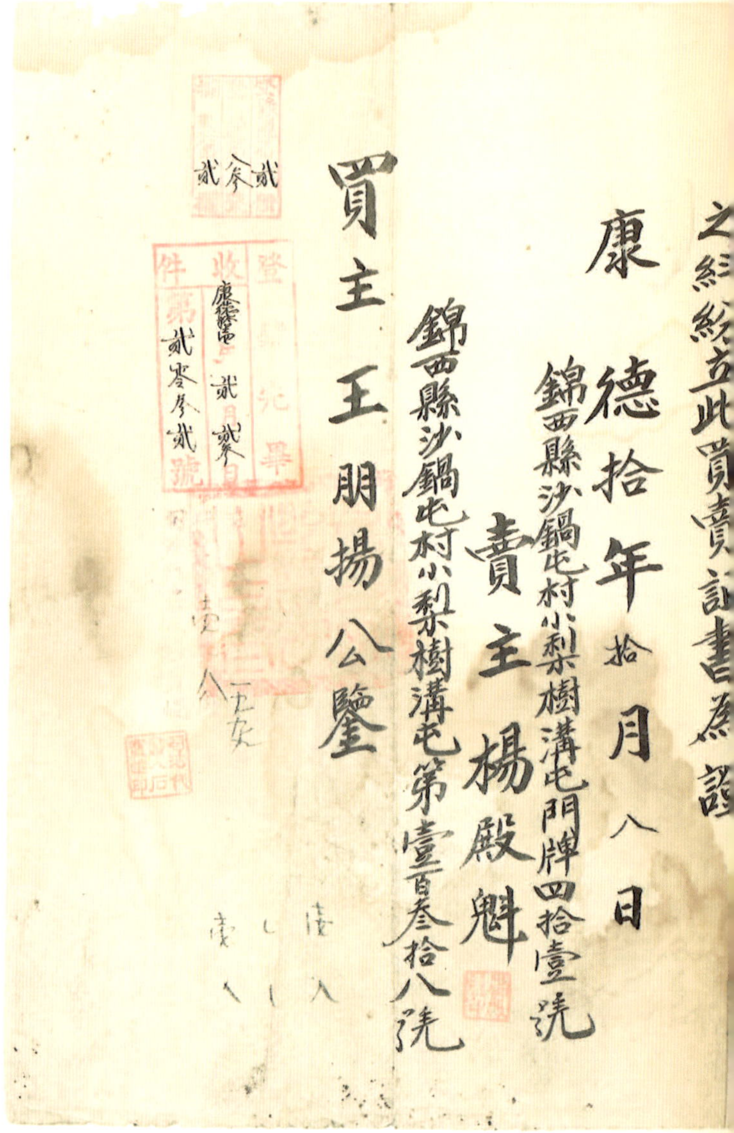
之糾紛立此買賣證書爲證

康德拾年拾月八日

賣主 楊殿魁

錦西縣沙鍋屯村小梨樹溝屯門牌四拾壹號

買主 王朋揚 公鑒

錦西縣沙鍋屯村小梨樹溝屯第壹百叁拾八號

39 厘米 ×27.5 厘米

图 12

土地買賣証書

一地籍之表示

錦西縣沙鍋屯村小梨樹溝屯第八拾叁號

一旱 貳叁壹 田

四千壹百叁拾五方米

等級 六拾四級

此賣價代金國幣叁佰貳拾圓

右土地今賣於王朋揚右代金如數收訖屬寔

如因地之主改章等負一切之責任茲為後日

锦西县沙锅屯村小梨树沟屯门牌肆拾壹号

卖主　杨殿魁

锦西县沙锅屯村小梨树沟屯第壹百叁拾八号

买主　王朋扬公鉴

此“土地买卖证书”为手书。上盖县印、收件登记等戳，贴伪满壹角印花税票一枚。

13. 伪满康德三年（1936 年）锦州省公署义县买地契（图 13）

左为卖地契草契

立卖地契文约人赵恩隆正用不便，今将本身中则地壹段，坐落屯西王八盖山毛道处，自烦中人道达，情愿卖与宗德山名下耕种，同众言明卖价国币大洋壹佰四拾元正（整）。其洋立时字交足，分角不欠。自卖至后由置主更名税契，不与契主甘（干）涉。此系两家情愿，各无返悔，如有返悔者，俱在中人一面承管。恐后无凭，立卖契永远存照。

按年纳封，中则六亩，册名赵永刚

东　李姓

计开四至西　壕　　南北长折四十八弓

南　壕　　东西宽折三十弓

北

估价国币壹佰伍拾元　立卖契人赵恩隆（章）

康德三年十一月十五日

村长　宋长绪（章）

中人　刘坤山　朱清泉　杨雨时　吕万富　李印堂　李作霖（各盖了章）

中为康德四年叁月“契税执照”

旱田中则地：六亩

课税标准价格：壹佰伍拾元

税　　　额：玖元（税率百分之六）

右为锦州省公署“土地执照”

上盖锦州省公署、义县公署等印章，贴伪满壹角印花税票一枚

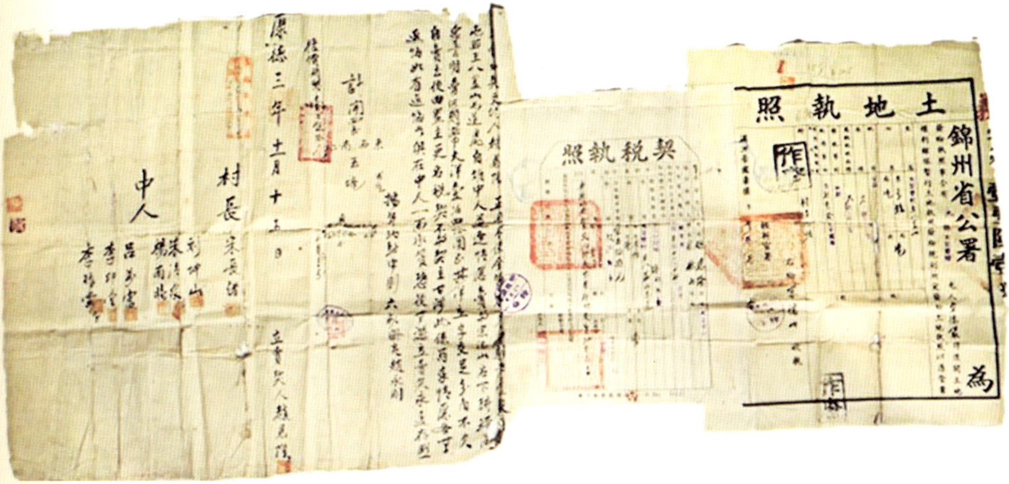

左 49 厘米 ×43 厘米　中 22.5 厘米 ×29.5 厘米　右 29.5 厘米 ×35.5 厘米

图 13

14. 伪满康德四年（1937 年）喀喇沁左旗领受租地执照（图 14）

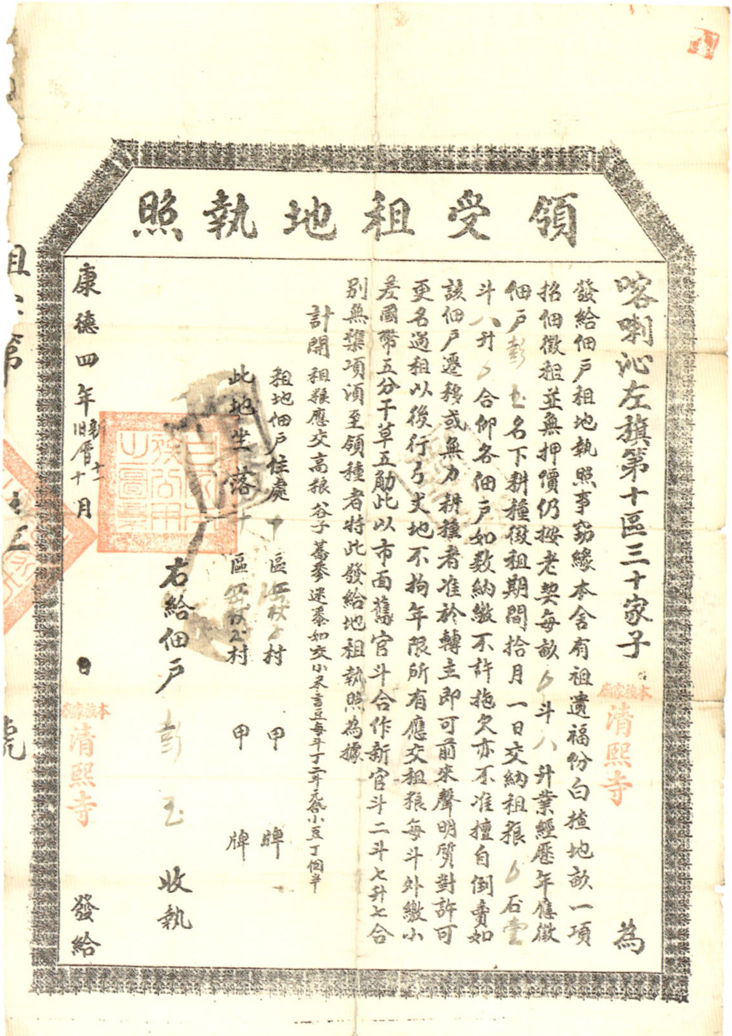

領受租地執照

喀喇沁左旗第十區三十家子　為

發給佃戶租地執照事竊緣本舍有祖遺福份白植地畝一項

招佃徵租並無押價仍按老契每畝　斗八升業經歷年徵

佃戶彭玉名下耕種徵租期間拾月一日交納租粮　石壹

斗八升　合仰各佃戶如數納繳不許拖欠亦不准擅自倒賣如

該佃戶遷移或無力耕種者准於轉主即可前來聲明質對許可

更名過租以後行弓丈地不拘年限所有應交租粮每斗外繳小

差國幣五分干草五觔此以市面舊官斗合作新官斗二斗七升七合

別無雜項須至領種者特此發給地租執照為據

計開　租粮應交高粮　谷子　蕎麥　遝黍　如交小米高豆每斗丁二斗元谷小豆丁個半

租地佃戶住處　十區　村　甲　牌

此地坐落　區　村　甲　牌

右給佃戶　彭玉　收執

康德四年新舊曆十月　日　發給

本家廟　清熙寺

24.5 厘米 ×35 厘米

图 14

喀喇沁左旗第十区三十家子

为发给佃户租地执照事窃缘本舍有祖遗福份百楂地亩一项，招佃征租，并无押家，仍按老契每亩〇斗八升业经历年应征佃户彭玉名下耕种。征租期间拾月一日交纳租粮〇石壹斗八升〇合。仰各佃户如数纳缴，不许拖欠，亦不准擅自倒卖。如该佃户迁移或无力耕种者准予转主，即可前来声明责对许可更名过租，以后行弓丈地不拘年限，所有应交租粮每斗外缴小差国币伍分，干草五觔，此以市面旧官斗合作新官斗二斗七升合，别无杂项，须至领种者。特发给地租执照为据。

计开租粮应交高粮谷子、荞麦、迷黍，如交小米、吉豆，每斗丁（顶）二斗元合小豆丁（顶）个半

租地佃户住处十区岳杖子　村　甲　牌

此地坐落十区岳杖子村　甲　牌

右给佃户　彭玉　收执

　　　　　新　　　十一

康德四年厝月　　　本族家庙清熙寺　发给

　　　　　旧　　　十

喀喇沁左旗：始于后金天聪九年（1635 年），时置喀喇沁左翼旗，领地含今喀左、凌源、建昌之地，以后县治有过变动。清乾隆三年（1738 年），在旗境内置塔子沟厅。乾隆四十三年（1778 年），改塔子沟厅为建昌县，开始实行蒙汉分治，汉族归县管辖，蒙古族归旗管辖。民国二十六年（1937 年）凌源、凌南二县合并为建昌县。民国二十九年（1940 年）撤销县，

将喀喇沁左翼旗改为喀喇沁左旗，统归喀喇沁左旗管辖。民国三十五年（1946 年）8 月，成立喀喇沁左旗人民政府，从此结束了蒙汉分治的历史。1958 年 4 月成立喀喇沁左翼蒙古族自治县，隶属于辽宁省管辖。

15. 伪满康德六年（1939 年）喀喇沁左旗吉府租地执照（图 15）

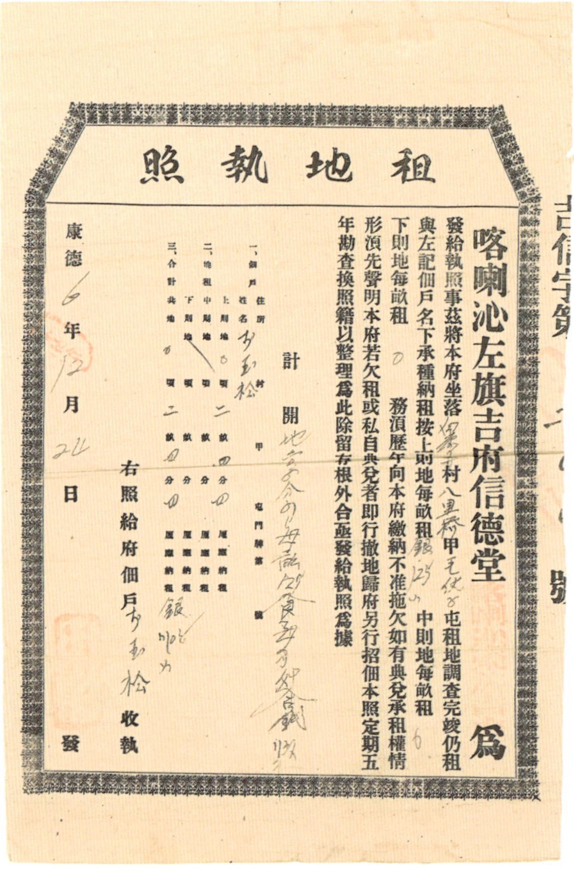
租地執照

喀喇沁左旗吉府信德堂 爲

發給執照事茲將本府坐落　村　屯租地調查完竣仍租與左記佃戶名下承種納租按上則地每畝租銀　中則地每畝租　下則地每畝租　務須歷年向本府繳納不准拖欠如有典兌承租權情形須先聲明本府若欠租或私自典兌者即行撤地歸府另行招佃本照定期五年勘查換照藉以整理爲此除留存根外合亟發給執照爲據

計開

一、佃戶住所　村　甲　屯門牌第　號

姓名

二、地租　上則地　頃　畝　分　厘應納租

中則地　頃　畝　分　厘應納租

下則地　頃　畝　分　厘應納租

三、合計共地　頃　畝　分　厘應納租

右照給府佃戶　收執

康德　年　月　日　發

吉信字第　號

23 厘米 ×34 厘米

图 15

喀喇沁左旗吉府信德堂　　为

发给执照事兹将本府坐落　白壹四井　村　八里桥　甲　毛杖子　屯，租地调查完竣仍租与左记佃户名下承种。纳租按上则地每亩租　银 1.25，中则地每亩租　〇，下则地每亩租　〇，务须历年向本府缴纳，不准拖欠。如有典兑承租权情形，须先声明本府，若欠租或私自典兑者，即行撤地归府另行招佃。本照定期五年，勘查换照籍以整理，为此除留存根外，合亟发给执照为据。

计开地二亩四分四厘每亩 1.25 食每　合钱　　（此两空白处原文字不清晰）

一、佃户住所　村　甲　屯门牌第　号

姓　　名　李玉松

上则地〇顷二亩四分四厘应纳租

二、地租　中则地　顷　亩　分　厘应纳租

下则地　顷　亩　分　厘应纳租

三、合计共地〇顷二亩四分四厘因纳租银 3.05①

右照给府佃户　李玉松　收执

康德 6 年 12 月 24 日　发

16. 伪满康德五年（1938 年）重新纳税的吉林省德惠县兑地契（图 16）

此兑契立于民国十七年 11 月，伪满康德五年（1938 年）重新纳税，图 16 右为契税执照。

---

① 图中 3.05 为肉码字。

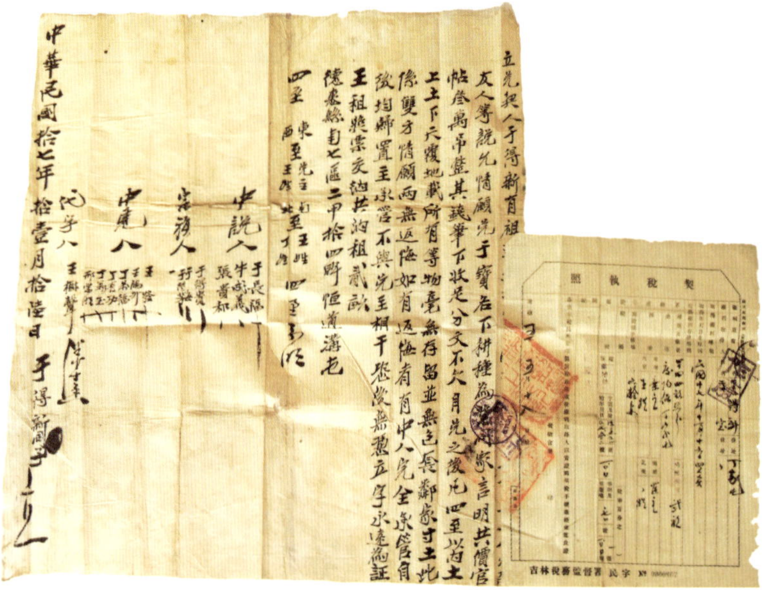

左 46 厘米 ×59.9 厘米　右 23 厘米 ×30 厘米

图 16

立兑契人于得新有祖遗熟地壹段，因需款化急王租无凑，今烦亲友人等说允，情愿兑于宝名下耕种为业。同众言明，共价洋官帖叁万吊整，其钱笔下收足，分文不欠。自兑之后凡四至以内土上土下，天覆地载，所有等物毫无存留，并无包套邻家寸土，此系双方情愿，两无返悔。如有返悔者，有中人完全承管。自后均归置主承管，不与兑主相干。恐后无凭，立字永远为证。王租照票交纳，共纳租贰亩。

德惠县南七区二甲拾四牌恒道沟屯

	东　至	兑主	南	王姓	
四至			至		四至分明
	西　至	王姓	北	丁姓	

中说人　于长福　牛成义　张贵和（各画了押）

宗族人　于得贵　于　海　于得芳（各画了押）

中见人　王　发　王鸿升　丁茶福　丁有功　丁万玉　邢学湘（各画了押）

代字人　王树声

中华民国拾七年拾壹月拾陆日　于得新同子　立

17. 伪满康德四年（1937 年）吉林省九台县兑地契（图 17）

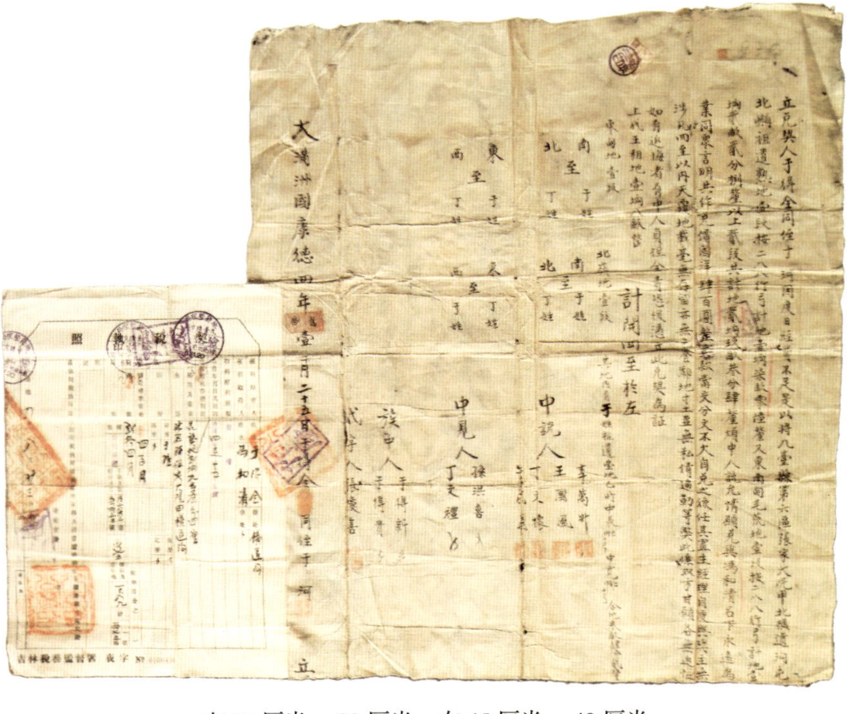

左 23 厘米 ×30 厘米　右 45 厘米 ×49 厘米

图 17

右为草契：

立兑契人于得全同侄于河因度日经费不足，是以将九台县第六区张家大院甲北横道沟屯北岭祖遗熟地壹段，按二八八行弓计地壹垧柒亩零陆厘，又东南甸毛荒地壹段按二八八行弓计地壹垧贰亩贰分捌厘，以上两段共计地贰垧玖亩叁分肆厘。烦中人说允，情愿兑与冯和清名下永远为业。同众言明，共作兑价国洋肆百元整，其款当交，分文不欠，自兑之后任其置主经理自便，与契主无涉。凡四至以内天覆地载，毫无存留，亦无包套邻地寸土，并无私债逼勒等弊。此系双方甘愿，各无返悔，如有返悔者，有中人负担全责。恐后无凭，立此兑契为证。

上代（带）王租地壹垧八亩整。

计开四至于左

东甸地壹段　北岭地壹段　其地内有于姓祖遗冢地乙所，中长三十三弓，中宽二十九弓，合地叁亩肆分贰厘

南		于姓	南		于姓
	至			至	
北		丁姓	北		丁姓
东		于姓	东		丁姓
	至			至	
西		丁姓	西		于姓

中说人　李万升　王国风　丁文怀　牛成义（均盖章）

中见人　孙洪喜（押）　丁文礼（押）

族中人　于得新（押）　于得贵（押）

代字人　张庆善（章）

大满洲国康德四年旧历壹月二十五日　于得全　同侄于河　立

左粘“契税执照”。上面写明课税标准价格：国币四百元；税额：贰拾四元。盖有地籍整理局九台县支局验讫章、吉林省税务监督章、蒙地执照戳等。

18. 伪满康德五年（1938 年）吉林省九台县兑地契（图 18）

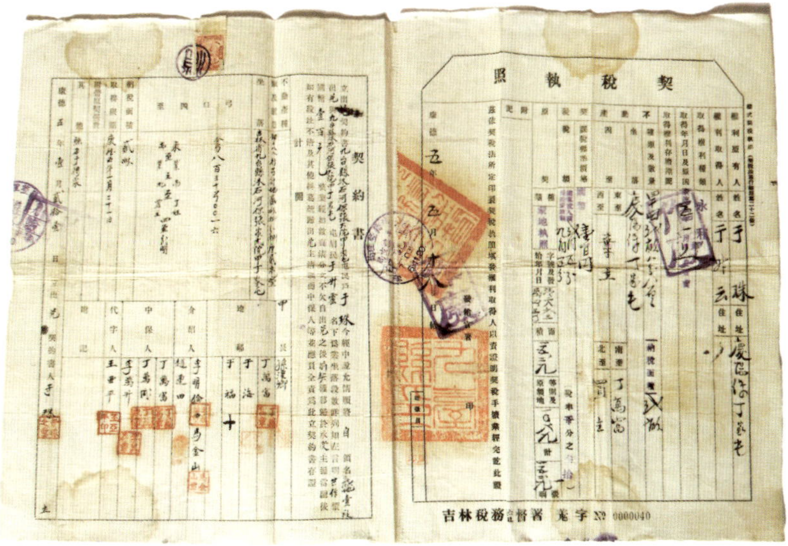

契約書

契税執照

吉林税務監督署　亮字 No 0000040

左 23 厘米 ×30 厘米　右 23 厘米 ×30 厘米

图 18

左为契约书（表格式）

立出兑契约书九台县沐石河保张大院甲丁家屯屯民户于珠，今经中说允，情愿将自领名熟地壹段，出兑与九台县沐石河保张大院甲丁家屯居民于升云名下为业，坐落段数详列如左。言明共作价国币壹百元整，业经如数交清，分文不欠。自出兑之后前契权移归於承受主担当，嗣后如有段址不清及其他纠葛，统归出兑主清理，而中保人等并应负全责。为此立契约书存证。

计开

不动产种类及数量：按二八八行弓计地贰亩捌分捌厘贰毫整

坐落：吉林省九台县沐石河保张大院甲丁家屯

弓号四至：合弓八百三十弓〇〇一六

东至业主　南至丁姓　四至分明

西至业主　北至置主

纳税面积：贰亩

取得期限：康德五年一月二十一日

附带原契张数：

其他：照名于得泉

甲长：孙汉卿

地邻：丁万富（章）　于海（章）　于福（画押）

介绍人：李明伦（章）　马金山（章）　赵连田（章）

中保人：丁万富（章）　丁万成（章）　丁万升（章）

代字人：王亚平

附记

康德五年壹月贰拾壹日立出兑契约书人于珠（章）

右为契税执照：

权利原有人：于珠

权利取得人：于升云

种类及数量：旱地弍亩八分八厘

纳税面积：弍亩

课税标准价格：国币壹百元

国库收入额：弍角五分

提拨蒙旗额：九角五分（税率千分之叁拾）

上盖县、九台县地籍整理局验讫印等，贴伪满壹角印花税票一枚。

二、伪满洲国田赋税票

“九一八”事变后，为了适应殖民统治的需要，日本帝国主义将税收作为增强财力的主要来源，对税政、税目、税率、税务机关作了全面的调整。日伪财政部税务司下辖四个税务监督署，即奉天税务监督署、吉林税务监督署、黑龙江税务监督署和热河税务监督署，分别监管 14 个省（1934 年伪满洲国将东北划为 14 个省，1939 年更改为 19 个省）的税务。同时，在每个省还设立了“出张所”，作为它的派出机关，负责监督管理各市县的税捐局。据史料反映，“九一八”事变前，东北地方政权征收的国内税只有 13 种，而到 1944 年，伪满洲国的“国内税”已经达到 34 种，税额更是成几何级增长。

田赋的征收，则是诸项税种中的重要一项。书中所选田赋税票（含土地捐票），均有东北各省税务监督署制发，上印有土地等级、纳税人住址、姓名、土地面积、税则、税额等。伪满洲国初期，田赋征收仍沿用的是民国时期的方法。1934 年 5 月，伪满政府将田赋改为地税，1936 年 5 月正式公布“地税法”，1942 年 7 月又公布新“地税法”，苛捐杂税层出不穷，课税标准不断提高。这些田赋税票是日本帝国主义对中国进行税收侵略的铁证。

1. 伪满大同二年（1933 年）辽宁省中则地亩捐票（图 19）

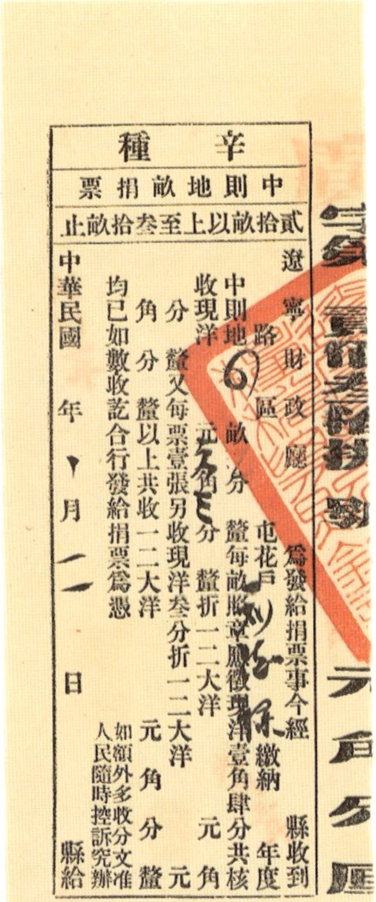

辛種

中則地畝捐票

貳拾畝以上至叁拾畝止

遼寧財政廳爲發給捐票事今經　縣收到

路　區　屯花戶　繳納　年度

中則地　畝　分　釐每畝照章應徵現洋壹角肆分共核

收現洋　元　角　分　釐折一二大洋　元　角

分　釐又每票壹張另收現洋叁分折一二大洋　元

角　分　釐以上共收一二大洋　元　角　分　釐

均已如數收訖合行發給捐票爲憑

如額外多收分文准人民隨時控訴究辦

中華民國　年　月　日　縣給

8.5 厘米 ×21 厘米

图 19

此地亩捐票在原中华民国印制的税票上加盖了伪满大同二年戳。盖辽宁省税务监督署关防。

2. 伪满康德元年（1934 年）奉天省中则地亩捐票（图 20）

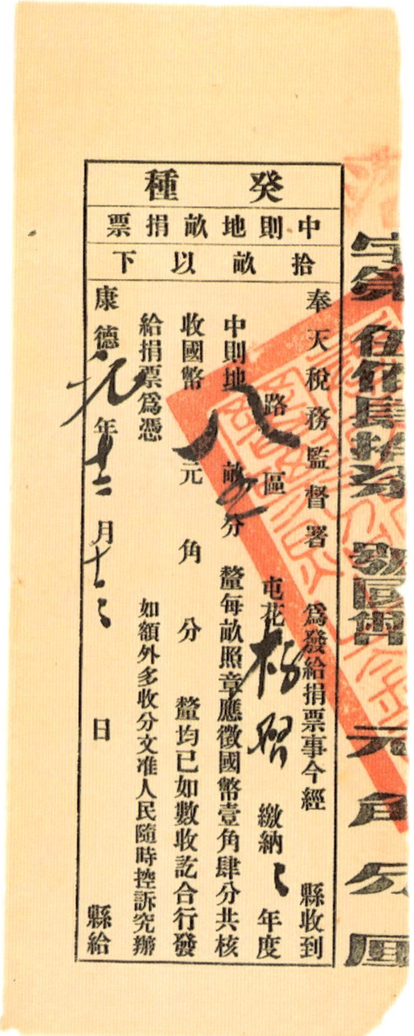

癸種

中則地畝捐票

拾畝以下

奉天稅務監督署　爲發給捐票事今經　縣收到

屯花　繳納　年度

中則地　路　區　畝　分　盤每畝照章應徵國幣壹角肆分共核

收國幣　元　角　分　盤均已如數收訖合行發

給捐票爲憑　如額外多收分文准人民隨時控訴究辦

康德　年　月　日　縣給

9 厘米 ×21.5 厘米

图 20

3. 伪满康德元年（1934年）奉天省上则地亩捐票（图21）

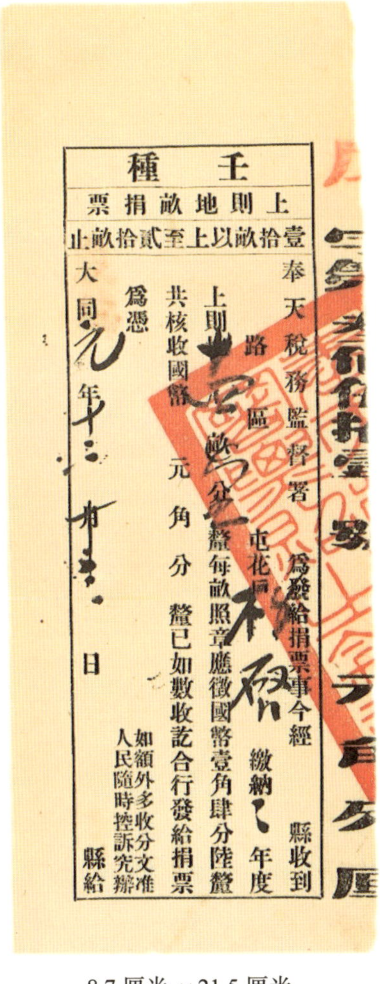
壬種

上則地畝捐票

壹拾畝以上至貳拾畝止

奉天稅務監督署　為發給捐票事今經　縣收到

路　區　屯花戶　繳納　年度

上則　畝　分　釐每畝照章應徵國幣壹角肆分陸釐

共核收國幣　元　角　分　釐已如數收訖合行發給捐票

為憑

如額外多收分文准人民隨時控訴究辦

大同　年　月　日　縣給

8.7厘米 ×21.5厘米

图21

此地亩捐票在伪满大同年印制的税票上加盖了伪满康德年戳。盖奉天省税务监督署关防。

4. 伪满康德元年（1934 年）奉天省沙碱地亩捐票（图 22）

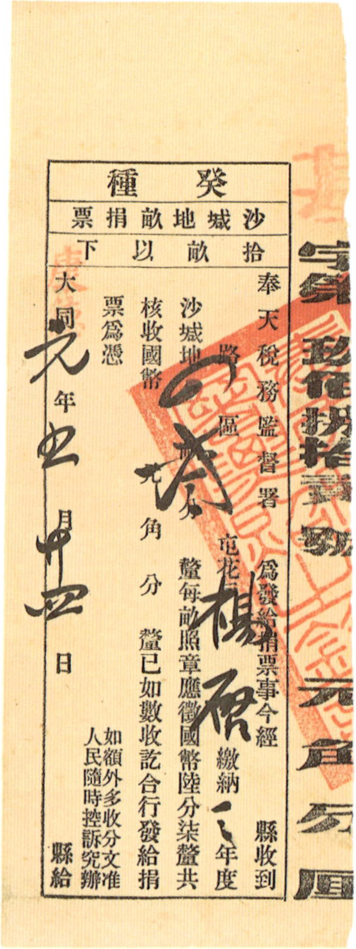

癸種

沙堿地畝捐票

拾畝以下

奉天稅務監督署　爲發給捐票事今經　縣收到

沙堿地　路　區　屯花戶　繳納　年度

釐每畝照章應徵國幣陸分柒釐共

核收國幣　元　角　分　釐已如數收訖合行發給捐

票爲憑

如額外多收分文准人民隨時控訴究辦

大同　年　月　日　縣給

8.7 厘米 ×21.5 厘米

图 22

此地亩捐票在伪满大同年印制的税票上加盖了伪满康德年戳。盖奉天省税务监督署关防。

5. 康德二年（1935 年）奉天省中则地粮票（图 23）

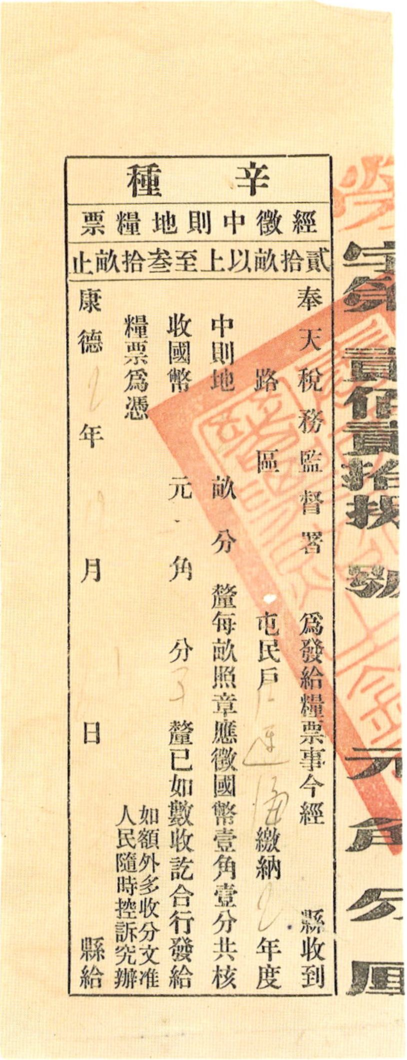
辛種

經徵中則地糧票

貳拾畝以上至叁拾畝止

奉天稅務監督署　爲發給糧票事今經　縣收到

路　區　屯民戶　繳納　年度

中則地　畝　分　釐每畝照章應徵國幣壹角壹分共核

收國幣　元　角　分　釐已如數收訖合行發給

糧票爲憑

如額外多收分文准
人民隨時控訴究辦

康德　年　月　日　縣給

8.7 厘米 ×21.5 厘米

图 23

6. 伪满康德三年（1936 年）奉天省中则地粮票（图 24）

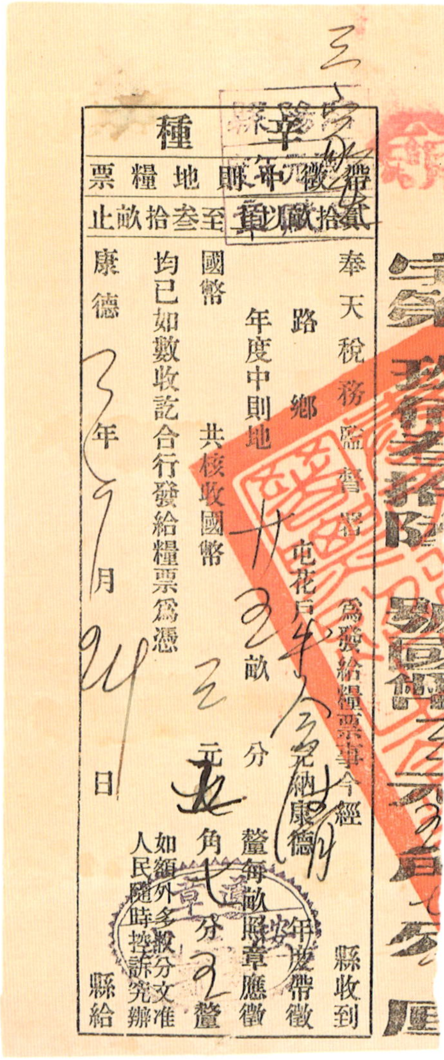

9 厘米 ×21 厘米

图 24

7. 伪满康德三年（1936 年）奉天省下则地粮票（图 25）

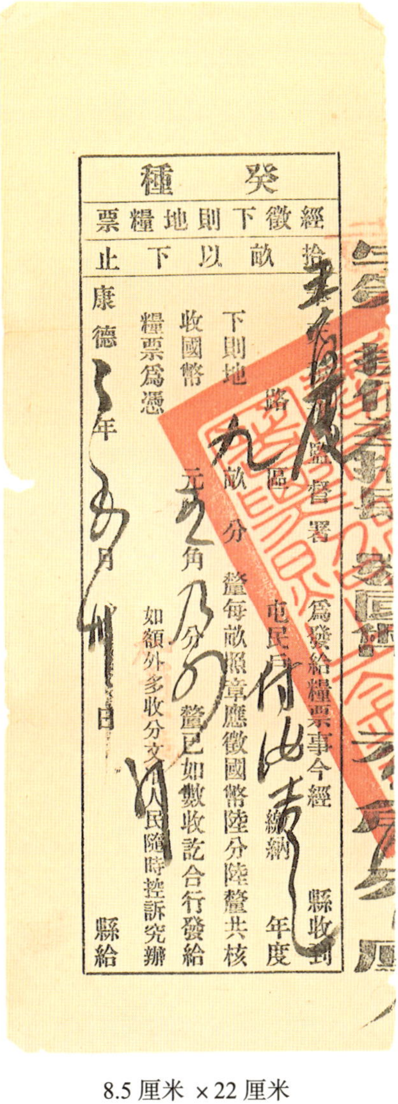
癸種

經徵下則地糧票

拾畝以下止

經 監督署 為發給糧票事今經 縣收到

路 區 屯民戶 繳納 年度

下則地 九 畝 分 釐每畝照章應徵國幣陸分陸釐共核

收國幣 元 角 分 釐已如數收訖合行發給

糧票爲憑 如額外多收分文准人民隨時控訴究辦

康德 年 月 日 縣給

8.5 厘米 ×22 厘米

图 25

8. 伪满康德二年（1935 年）吉林省田赋证书（图 26）

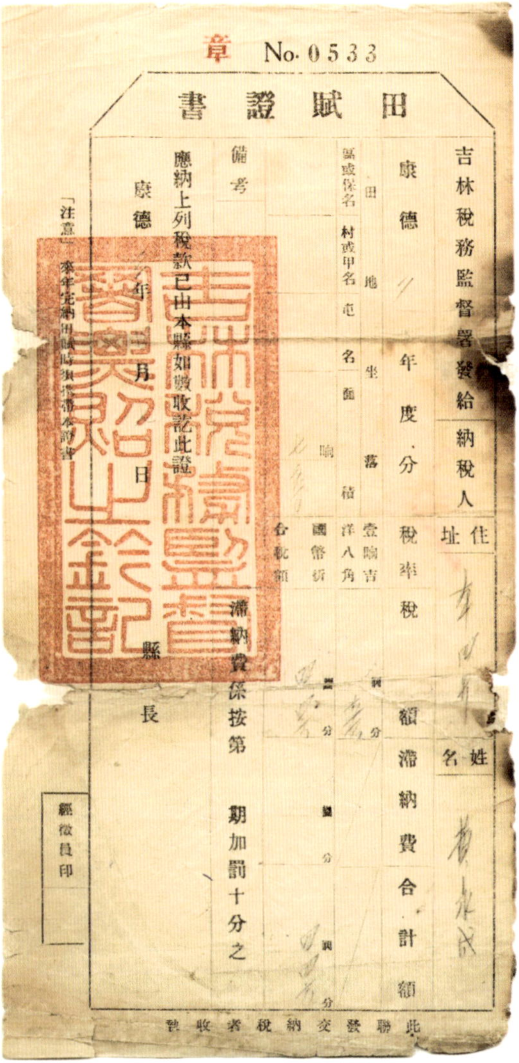
章 No.0533

田賦證書

吉林稅務監督署發給

納稅人 住址

姓名

康德 年度 分 稅率稅 額 滯納費 合計額

田地坐落 區或保名 村或甲名 屯名 面積 畝

壹畝吉 洋八角 國幣 折 合稅額

備考

滯納費係按第 期加罰十分之

應納上列稅款已由本縣如數收訖此證

康德 年 月 日 縣長

「注意」本年完納田賦時須帶本證書

經徵員印

此聯發交納稅者收執

12 厘米 ×24.7 厘米

图 26

9. 伪满康德五年（1938 年）奉天省北镇县领收证书（图 27）

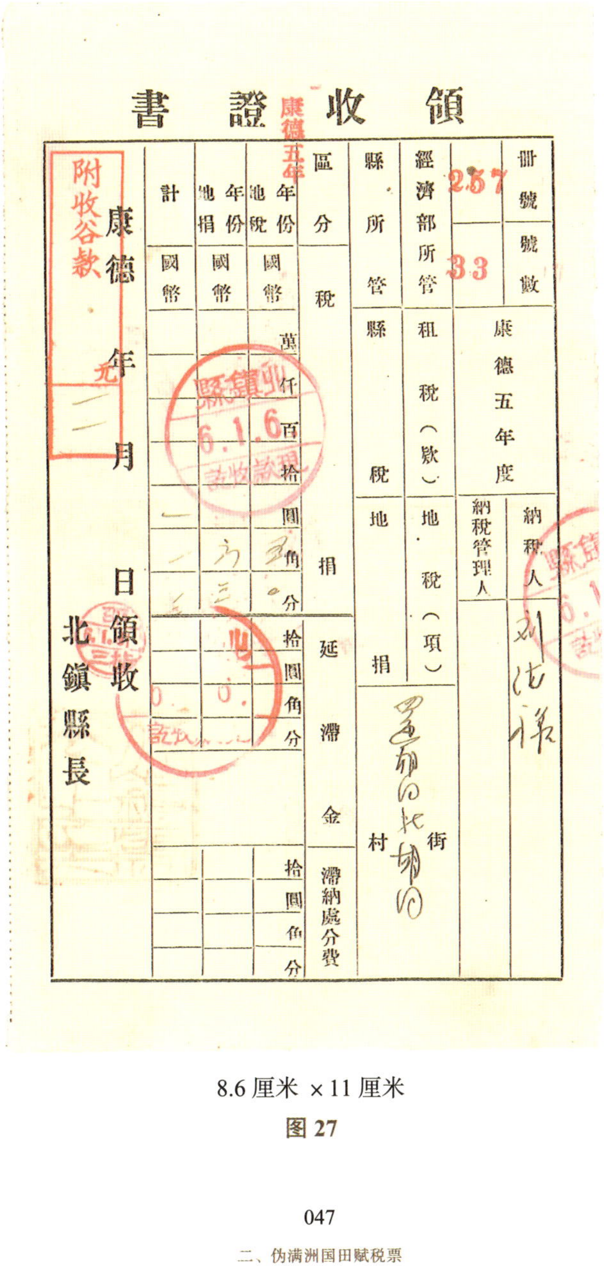
領收證書

冊號 257　號數 33

經濟部所管　縣所管

康德五年度

租稅（款）　縣稅

地稅（項）　地捐

納稅人　納稅管理人

街　村

區分　稅　捐　延滯金　滯納處分費

年份地稅　年份地捐　計

國幣　國幣　國幣

萬　仟　百　拾　圓　角　分

拾　圓　角　分

康德五年

附收谷款

康德　年　月　日領收

北鎮縣長

北鎮縣 6.1.6

8.6 厘米 ×11 厘米

图 27

10. 伪满康德七年（1940 年）奉天省北镇县领收证书（图 28）

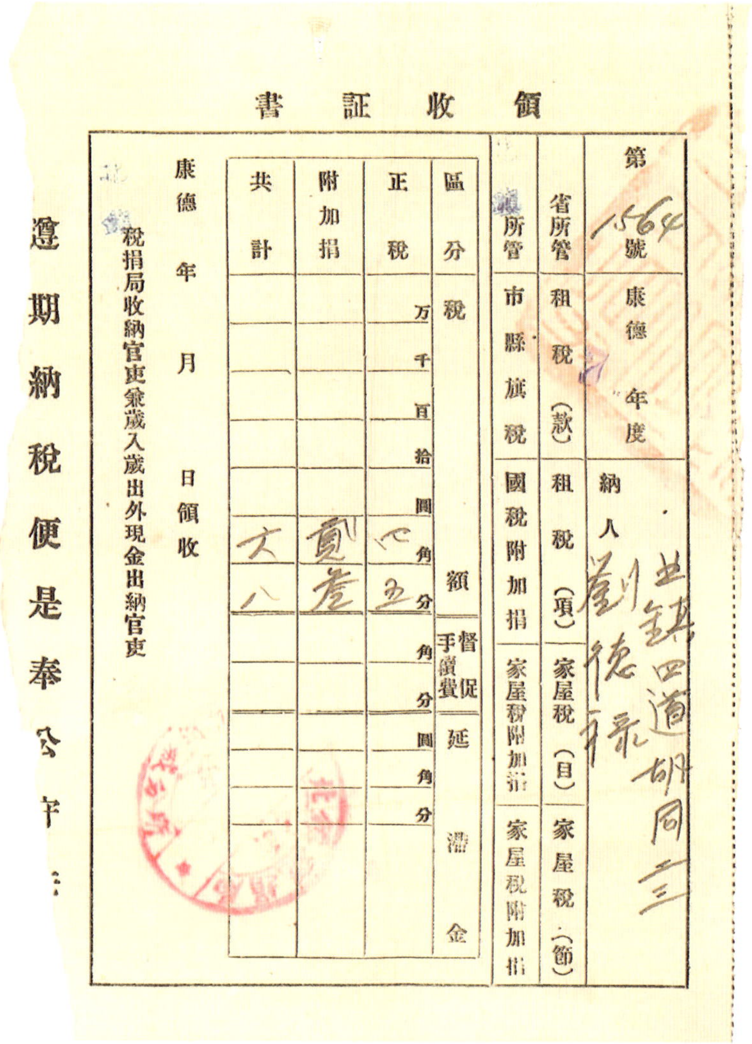

11.5 厘米 ×16.5 厘米

图 28

11. 伪满康德四年（1937 年）奉天省北镇县地税地捐证书（图 29）

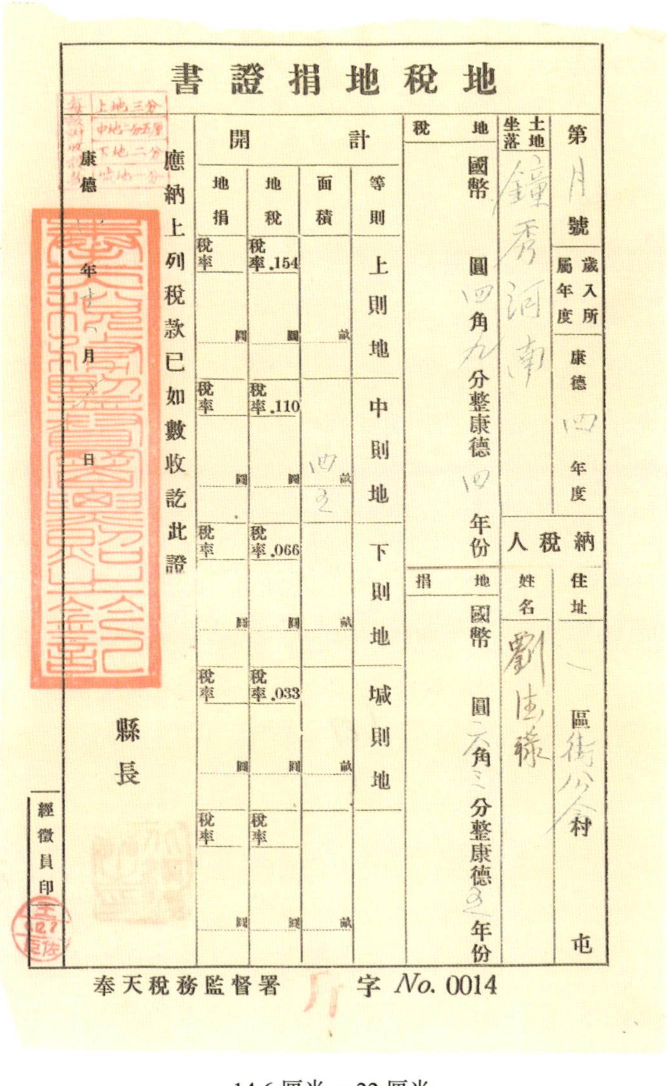

地稅地捐證書

第 月 號

歲入所屬年度 康德 四 年度

納稅人 住址 一區街 村 屯

姓名 劉

土地坐落 鐘秀河南

地稅 國幣 圓 四角九分整 康德四年份

地捐 國幣 圓 角 分整 康德 年份

計開

等則	面積	地稅	地捐
上則地	畝	稅率 .154 圓	稅率 圓
中則地	畝	稅率 .110 圓	稅率 圓
下則地	畝	稅率 .066 圓	稅率 圓
城則地	畝	稅率 .033 圓	稅率 圓
	畝	稅率 圓	稅率 圓

應納上列稅款已如數收訖此證

康德 年 月 日

縣長

經徵員印

每畝地捐 上地三分 中地二分五厘 下地二分 城地一分

奉天稅務監督署 字 No. 0014

14.6 厘米 ×22 厘米

图 29

三、制造千里“无人区”集家并村契约

有学者说过，“南有南京大屠杀，北有千里‘无人区’”。图30和图31这两张伪满洲国康德十一年（1944年）的“契约”，则是日本帝国主义制造千里“无人区”的铁证。

1931年，日本帝国主义侵占中国东北三省后，为确保“满洲国”稳定，日伪政权把如何切断中国共产党领导的抗日武装与人民群众的联系，即如他们所说的“做到民匪隔离”当成“头等要紧的事”。1933年12月即发出了关于建设“集家并村”的通告。1939年秋到1944年春，从东起山海关以西的九门口，西至张家口赤城县独石口以东的老丈坝的千里长城沿线上，他们制造了世界罕见的“无人区”。他们通过“集家并村”、“部落集团”的法西斯行径，对中国人民进行惨无人道的迫害。

所谓“集家”，1942年10月29日的《热警情报第324号》中热河的日本宪兵队长有段话说得很明白：“是为了把可能成为敌人游击区的住民，集结到我方据点及附近地区，使之完全与敌人的活动隔绝，由我方掌握，从而封锁扼杀敌人所谓人力、物力与民众联系的纽带，救命之纲绳，此致命之打击。”于是，日本侵略者强迫世代在自己家园生活、耕作的中国人民，将家搬到他们指定的“部落”中去，实行对他们的思想、行动控制。对于不愿离开故土的，实行野蛮的烧光、杀光、抢光的“三光”

政策。“无人区”一户不留，一人不剩。而“部落”里则是小房连着小房，人口高度集中，群众常常无衣无食，瘟疫流行不断。部落周围筑有围墙，四角建有碉堡，墙外有壕沟和铁丝网，完全置于日伪当局的政治、军事控制之下，老百姓称之为“人圈”，是完完全全的“人间地狱”。有关资料显示，当时被集家的自然村达 1.7 万个，被赶进部落的群众达 140 万人，共建“人圈”2 500 多个。

这些可怜的农民，原来的家园被剥夺得一干二净，而在新的住地，他们又被迫签下“契约”，继续遭受敌人的盘剥。买主“负其买得面积内之完纳责任”，新入住的既要付房基地费，还得负起纳税责任。无力买收建筑用地的贫民，只有以“赠送”的形式将自己的土地划出。

“契约”的手续看起来很完备，“契约”左下方有买卖双方和中间人的签章。表面上这是为集户和该部落原业主签的契约，实际上买卖双方都是“杨白劳”，起实质性作用的是代表日伪政权的部落建设委员会代表、部落甲长、村长、村协和分会长这些“中间人”。伪满洲国成立后，伪满协和会作为日本的“精神母本”也即告成立，它通过伪满洲国竭力维护日本的建国精神。1936 年改为“满洲帝国协和会”，其基本单位是下属的分会，是所在地区的政治指导力量，军务长有专职日本人担任，以保证“集家并村”、“部落集团”在他们的直接操纵下进行。

1. 伪满康德十一年（1944 年）热河省青龙县集家并村契约（图 30）

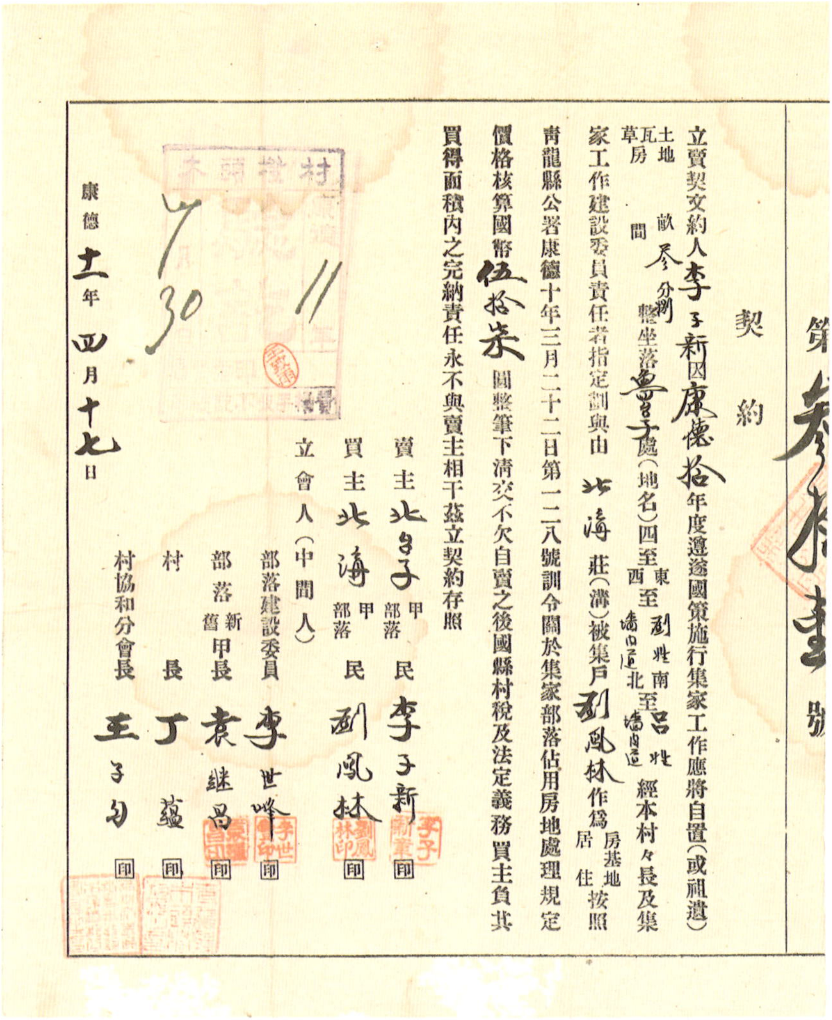

第叁拾叁號

契約

立賣契文約人李子新因康德拾年度遵遂國策施行集家工作應將自置（或祖遺）土地叁畝分釐 瓦房草房 間 坐落曹子處（地名）四至東至劉姓 南至呂姓 西至墙内道 北至墙内道 經本村々長及集家工作建設委員責任者指定劃與由北海莊（溝）被集戶劉鳳林作爲房基地居住按照青龍縣公署康德十年三月二十二日第一二八號訓令關於集家部落佔用房地處理規定價格核算國幣伍拾柒圓整筆下清交不欠自賣之後國縣村稅及法定義務買主負其買得面積内之完納責任永不與賣主相干茲立契約存照

賣主 甲部落民 李子新 印

買主 甲部落民 劉鳳林 印

立會人（中間人） 部落建設委員 李世峰 印

新舊部落甲長 袁继昌 印

村長 丁蘊 印

村協和分會長 王子勻 印

康德十一年四月十七日

22 厘米 ×25.6 厘米

图 30

立卖契文约人**李子新**因　**康德拾**　年度遵遂国策施行集家工作应将自置（或祖遗）土地　　亩**叁分捌**，草瓦房　间，整坐落　**鲁台子**　处（地名）四至　东至　**刘姓**，西至　墙内道，南至**吕姓**，北至**墙内道**。经本村村长及集家工作建设委员会责任者指定，划于由**北沟**荘（沟）被集户**刘凤林**作为房基地居住，按照青龙县公署康德十年三月二十二日第一二八号训令，关于集家部落占用房地处理　规定价格核算国币 **伍拾柒** 圆整，笔下清交不欠，自卖之后，国县村税及法定义务买主负其买得面积内之完纳责任，永不与卖主相干。兹立契约存照

卖主　**北台子**　甲/部落　民　**李子新**　印

买主　**北　沟**　甲/部落　民　**刘凤林**　印

立会人（中间人）

部落建设委员会　　**李世峰**　印

部落　新/旧　甲长　　**李继昌**　印

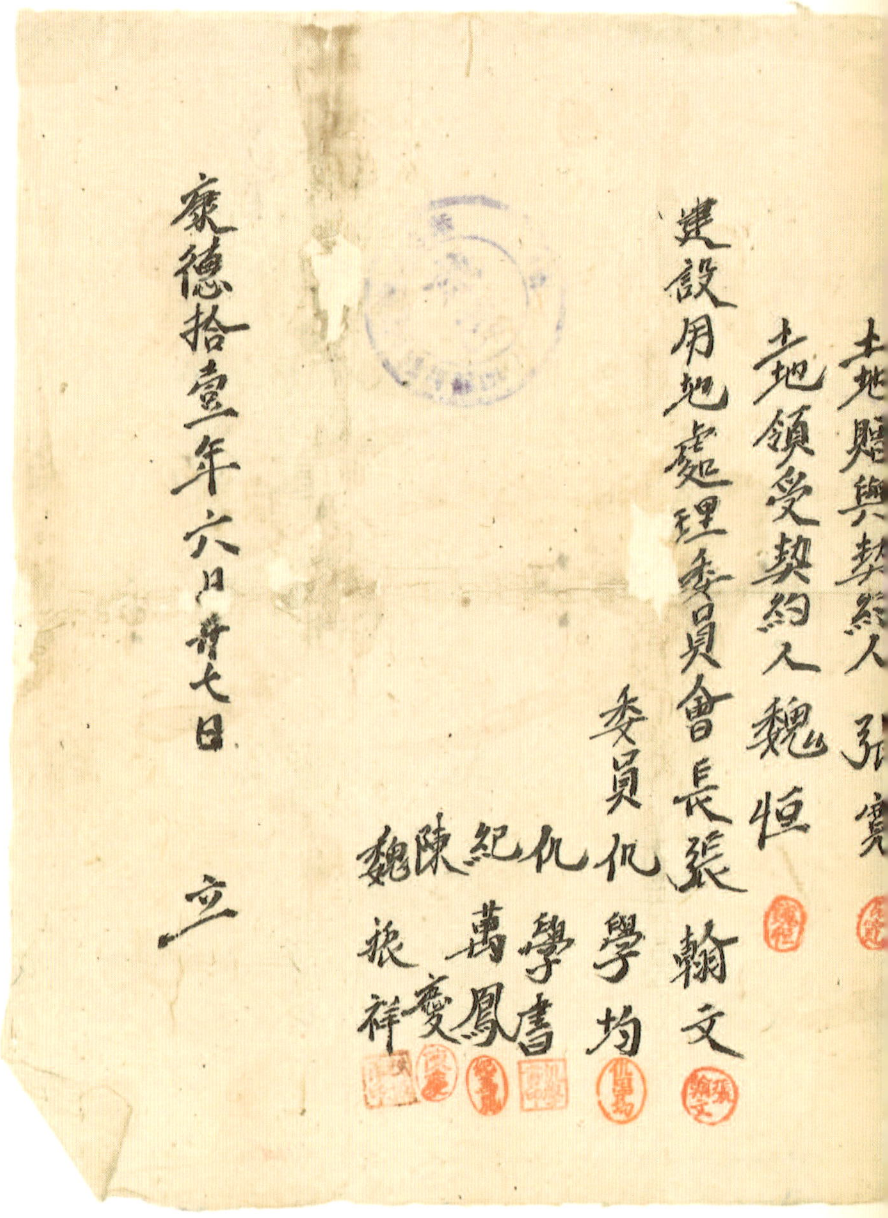
土地賜與契約人 張寬

土地領受契約人 魏恒

建設用地處理委員會長 張翰文

委員 仉學均

仉學書

紀萬鳳

陳夔

魏振祥

康德拾壹年六月廿七日 立

24.5 厘米 ×35 厘米

图 31

集團部落建設用地無價贈給契約書

立贈給土地契約書人張寬因有無力買收建築用地者貧民今將本人所有土地一段情願贈給魏恒各下建築房屋使用以維貧困當經委員會處理如左列遵行永遠為領受者財產特此出具贈給契約書存証

一土地坐落劉杖子村郭杖子甲金杖子屯

一畝數〇畝三分二厘

一權力

一租税負担依照此地貫行領受者負担之

張姓 南 劉姓

村　　长　　　　丁　蕴 印

村协和分会长　　王子匀 印

康德十一年四月十七日

青龙县位于长城脚下，是中国共产党在这一带建立抗日根据地最早的地区，当时属伪热河省（现属河北省）。因此，青龙县被列入修建“无住禁作地带”的重点地区。日本关东军在1943年曾下过严令，在“无住禁域地带”开始实行“三光”政策。向青龙县不断增派兵力，当年青龙县一个170户人家的村庄，被日伪杀害的达86人。为了断绝“无住禁作地带”居民生存的活路，对一切建筑物、庄家、生活用具等，凡抢不走的全部毁坏，是“集家并村”的重灾区。

2. 伪满康德十一年（1944年）热河省凌源县集团部落建设用地无价赠给契约书（图31）

集团部落建设用地无价赠给契约书

立赠给土地契约书人张宽因有无力买收建筑用地者贫民，今将本人所有土地一段，情愿赠与给魏恒名下建筑房屋使用以维贫困。当经委员会处理，如左列遵行永远为领受者财产，特此出具赠给契约书存证。

——土地坐落刘杖子村郭杖子甲金杖子屯

——亩数〇亩三分三厘

——权力

——租税负担依照此地贯行领受者负担之

<table>
<tr><td rowspan="2">——四至</td><td>东</td><td rowspan="2">至</td><td>张姓</td><td>南</td><td rowspan="2">至</td><td>刘姓</td></tr>
<tr><td>西</td><td>魏姓</td><td>北</td><td>张姓</td></tr>
</table>

土地赠与契约人　张宽（章）

土地领受契约人　魏恒（章）

建设用地处理委员会长　张翰文（章）

委员　仇学均（章）

仇学书（章）

纪万凤（章）

陈　庆（章）

魏振祥（章）

康德拾壹年六月廿七日　立

此契约全部手书，上盖伪热河省凌源县圆章。

四、因日军侵略失去的房地契“补契”

所谓“补契”，是原房地契丢失后，通过有关权力机构补办的一种具有法律效力的契约。抗日战争时期，由于日寇的洗劫，不少农民失去了原有的房地契。土地是农民的“命根子”。抗日战争时期和解放战争时期有关政府部门及时给失去契约的农民作了补发。这些补契有证明人，有村长、农会长签字，盖有村“农民救国会”、“抗日村公所”、县政府印章，手续完备。大多经核实后，粘有政府发给的官制“补契”，重新确认了农民的土地房产所有权，有力地保护了农民的私有财产。

这些“补契”真实地记录了日寇实行野蛮的“烧光、杀光、抢光”的“三光”政策的罪恶行径，对那些汉奸卖国者给予了无情的揭露和打击。也充分展示了中国共产党及时为贫苦农民解决失去的土地契约，切实维护农民权益的历史功绩。

下面以日军侵略的时间先后为序，对这些契约文书作一展示。

（一）因日寇“扫荡”失去的房地契补契

日本帝国主义发动的侵华战争，是一场妄图使中华民族亡国灭种的战争。他们人性沦丧，对抗日根据地军民实施“烧光、杀光、抢光”的“三光”政策，每到一地，中国人民遭受灾殃。这些“补契”是对他们暴行的有力控诉。

1. 民国三十五年（1946年）河南省林北县彭得林补契（图32）

左为草契

立补契人彭得林因民国廿六年兵灾，将文约失掉，携同村干部将自己南批地叁段壹亩四分弍厘七等，其取四至：东至岸根，西至岸下踏角，南至上坡边，北至路，四至明白，各照之界土木石相连，一切在内。共同言明作价洋七佰壹拾元。自补之后倘有乡亲户族争执者，有四邻为证。恐口无凭，立补契为证。

民国卅五年元月初五日　立补契人彭得林

携同人　村　　长　彭清保（章）
　　　　农会主席　彭玉山（章）

同四邻人　东　彭秦九（手印）
　　　　　西　彭玉江（手印）
　　　　　南　彭保六（手印）
　　　　　北　路

右为官制“补契”

立补契人彭得林今将自己坐落盐山村南批地叁段　窑　眼　房　间　七等地壹亩四分弍厘　毫，东至岸根，西至岸下踏足，南至上坡边，北至路中，上下土木金石一并相连。同中人说合，情愿出补与彭德林名下，言明时价洋　柒佰壹拾元，当日钱业两交各无异说。自补之后倘有亲族邻佑争执或先典未赎

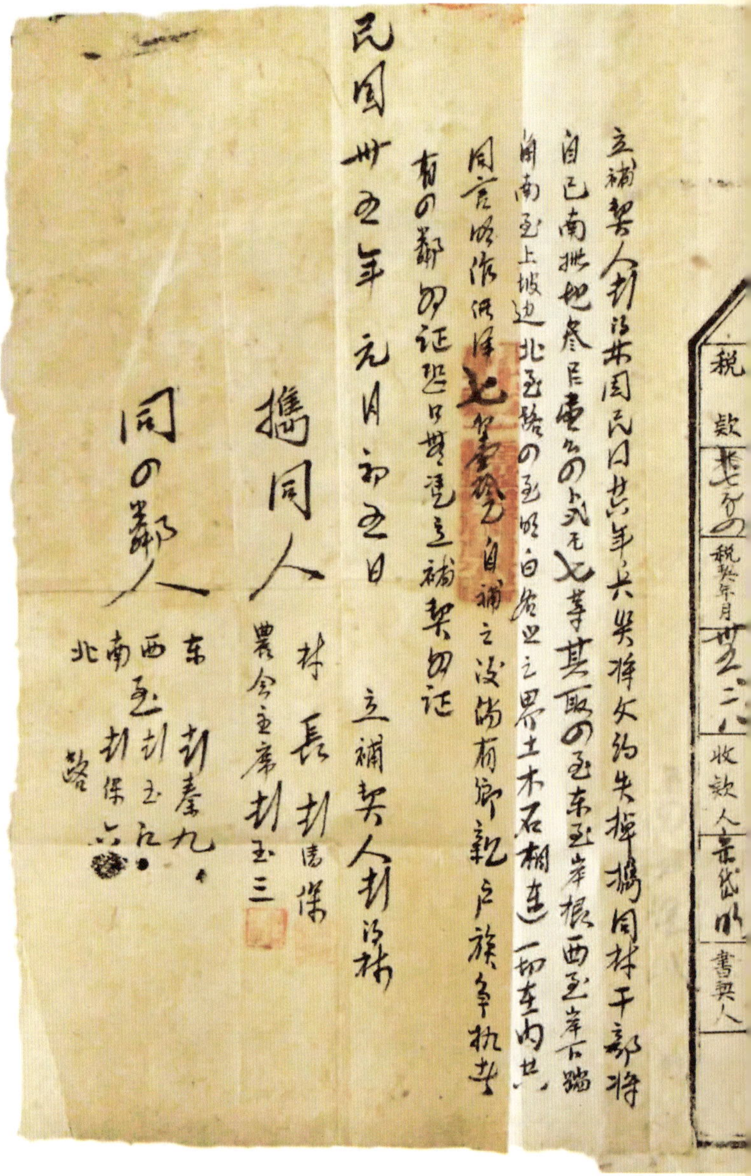

左 21 厘米 ×34 厘米　右 29 厘米 ×35 厘米

图 32

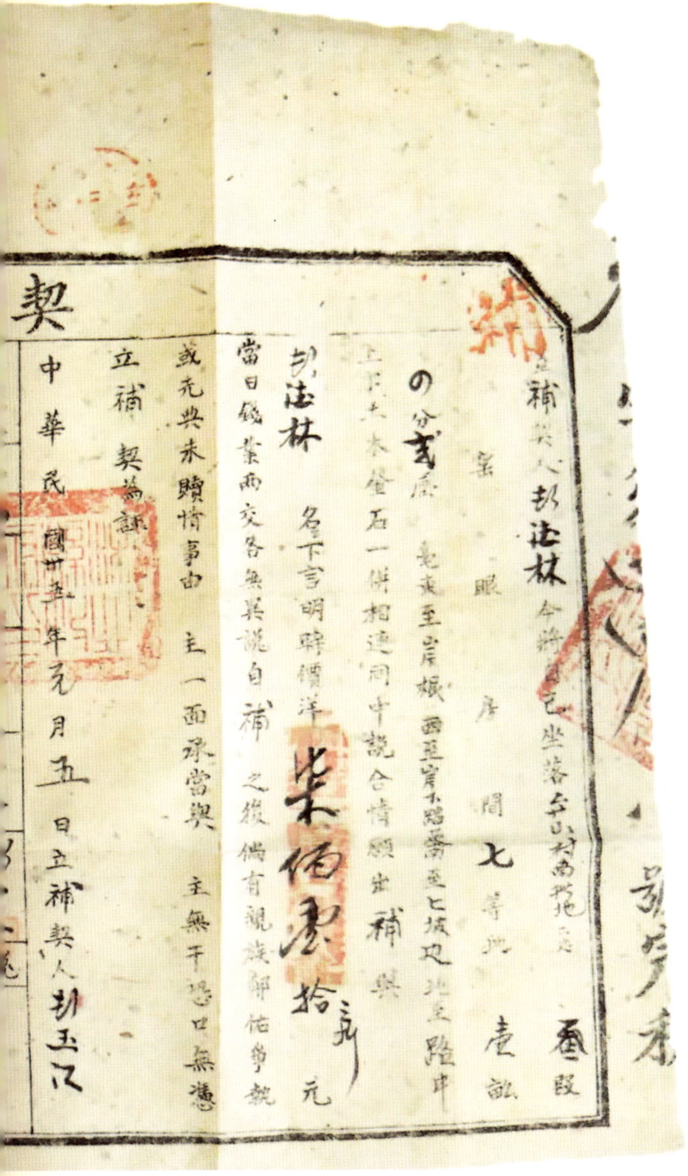

情事由　主一面承当与　主无干，恐口无凭立补契为证。

中华民国卅五年元月五日立补契人彭玉江

原契张数	壹张	公证人		农会	彭玉三	说合人
原带粮数		产邻	彭法林 彭文德 彭随芳	村长	彭清坚	
税　款	拾七元 〇四	税契年月	卅五、 二、八	收款人	宗岱明	书契人

注：官契纸格式基本相同，下略。

2. 民国三十五年（1946年）河南省林北县教场村邓见松补契（图33）

立补契人邓见松因日本扫荡逃跑失吊（掉）文约。今同村长、农会主席及庄邻证明，将庄基一处楼房五间、平房四间，东至滴水邓二名，西至滴水邓右祥、邓中才，南至邓存中，北至路中邓天祥，四至明白，门窗户扇一切在内，共合洋叁仟柒百元，日后如有乡亲户族争执者，有庄邻为铁证。恐口无凭，立补契为证。

今同　村　　长　邓存文（章）

农会主席　邓中成（章）

庄　　邻　邓天祥

邓二名

邓中才

邓存中

民国卅五年一月　立补契人邓见松

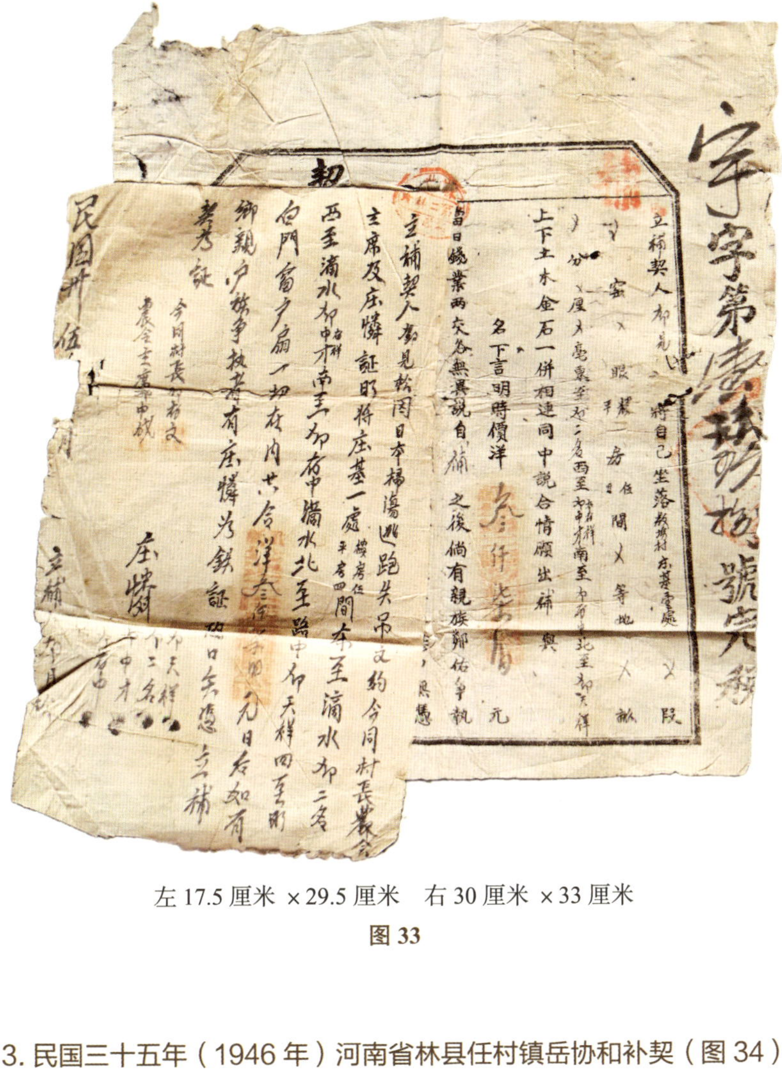

左 17.5 厘米 ×29.5 厘米　右 30 厘米 ×33 厘米

图 33

3. 民国三十五年（1946 年）河南省林县任村镇岳协和补契（图 34）

立补契人岳协和因民国卅一年敌人进攻扫荡遗失文约。携同镇长、农会、四邻证明，今将自己场地四分，等式等，其取四至：东至界石，西至岸下迹足，南至岸根，北至界石，四至以里土木石相连，一切在内，共同证明。价洋肆佰四拾元。

日后倘有邻亲户族争执者，有四邻证明。恐口不凭，立补契为证。

民国卅五年正月廿三日　立补契人岳协和（手印）

携同　镇长（章）

　　　农会（章）

同四邻人　岳兰台（手印）

　　　　　岳风祥（手印）

　　　　　付九周（手印）

　　　　　岳呈和（手印）

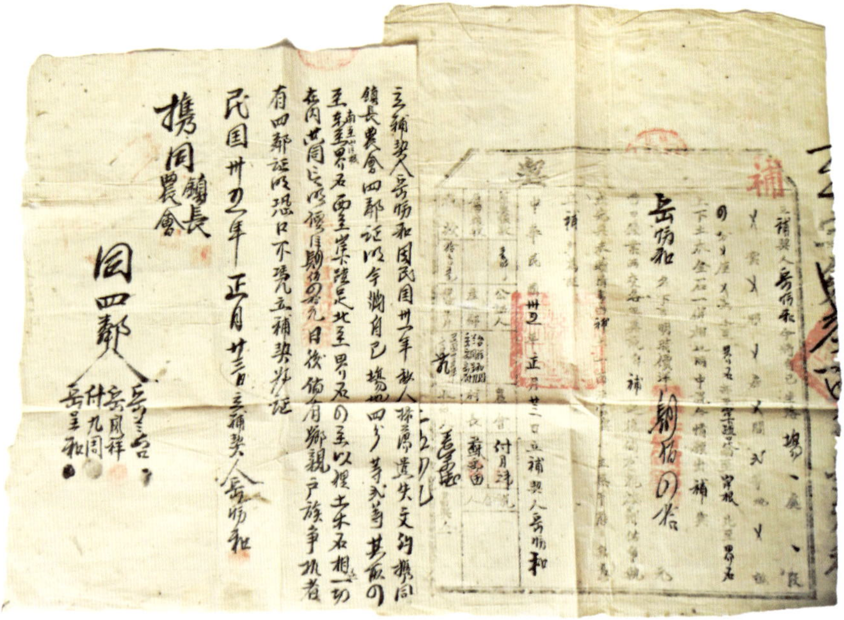

左 25 厘米 × 33 厘米　右 28 厘米 × 36 厘米

图 34

4. 民国三十五年（1946 年）河南省林县何复禄补契（图 35）

立补契人何复禄因为祖业地名杨坡地一处五段柒分，东至元山，西至何二福，南至何交贞，北至何玉成，四至明白，土木石相连，水流旧道原照旧界。言明产粮时值价洋叁百壹拾元。此约前经政府税过，被民国卅一年四月十一日日本扫荡驻在我村，到在我家东房打开窑洞损失衣服、文约一切东西。今同村长、农会及四邻政（证）明愿负完全责任，并呈请政府原照补

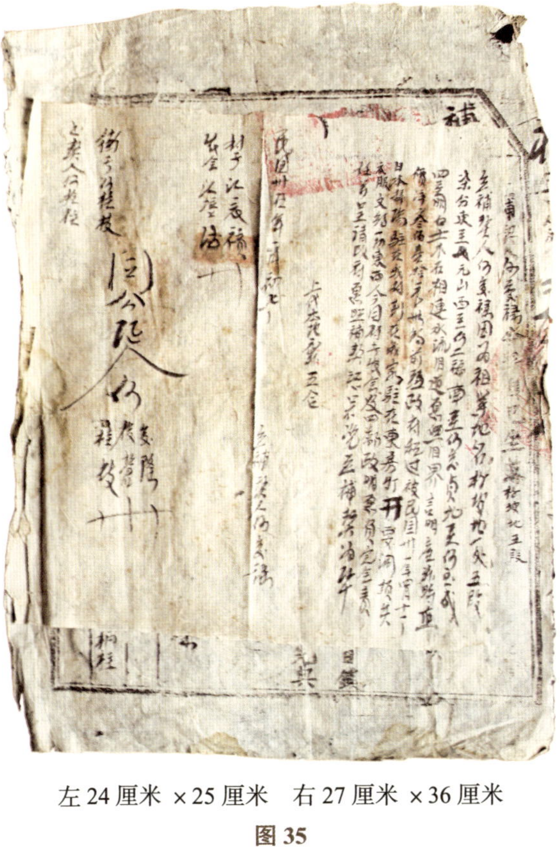

左 24 厘米 ×25 厘米　右 27 厘米 ×36 厘米

图 35

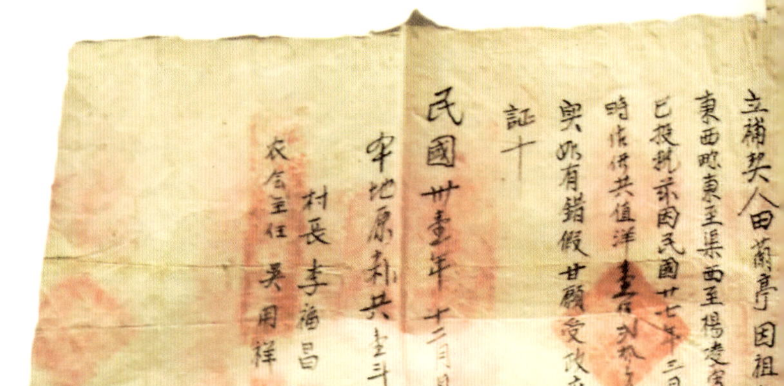
立補契人田蔚亭因祖上遺下場楊水地二日叁分弐厘其地
東西畛東至渠西至楊凌宵南至渠北至楊成柱各取四至明白業
已被執茶因民國廿七年三月十五日將原契被日寇焚燒其地撥現
時估價共值洋壹佰弐拾元 有田鄭村長农会証明補契是
實如有錯假甘願受政府法令処理恐口不憑立補契為
証十
民國卅壹年十二月 具
立補死契人田蔚亭十
中地原執共壹斗九升弐合 上
村長李海昌
农会主任吳用祥
田鄭 吳小昌十 田继錄十 田小亭十

左 29.5 厘米 ×30 厘米　右 29 厘米 ×42 厘米

图 36

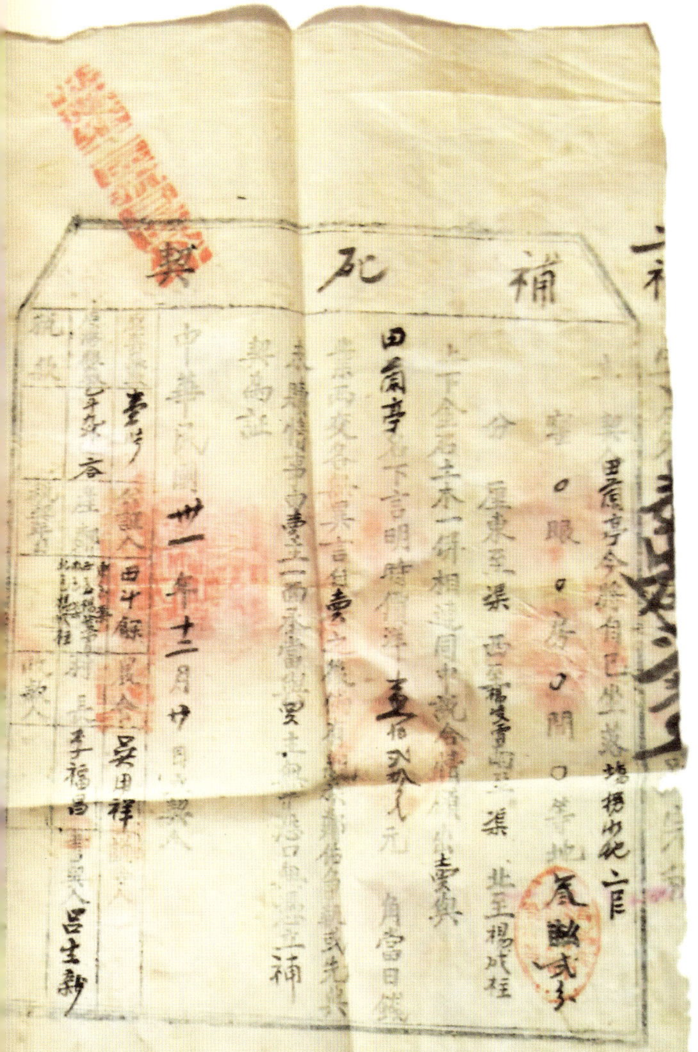
補死契
契為証
中華民國卅一年十二月廿日立契人

契。恐口不凭，立补契为证。（签押）

上代（带）本地元（原）粮五合

民国三十五年二月初七日　立补契人何复禄（签押）

村　　长　江辰积（签章）

农会主任　江培德（签章）

街　　长　何桂枝

书 契 人　何拴柱

同公证人　何复隆

何发苍

何桂枝

5. 民国三十一年（1942年）河南省涉县田兰亭补契（图36）

立补契人田兰亭因祖上遗下场拐水地二段叁亩式分，其地东西界东至渠，西至杨凌霄，南至渠，北至杨成柱，各取四至明白，业已投税。兹因民国廿七年三月十五日将原契被日寇焚烧。其地按现时作价共值洋壹佰式拾元。今有四邻、村长、农会证明补契是实，如有错假，甘愿受政府法令处理。恐口不凭，立补契为证。（签押）

立补死契人田兰亭（签押）

民国卅十壹年十二月具

本地原粮共壹斗九升式合　止

村　　长　李福昌（章）

农会主任　吴用祥（章）

吴小昌

四邻　田继余

　　　田小亭

涉县，地处太行山东麓，纽连河北、河南、山西省七县（市），1939 年底成立抗日政府，一二九师总部和晋冀鲁豫边区政府等多个党政机关单位曾长期驻扎于此。解放战争前期属华北行政区太行区，此前均由河南省管辖。1948 年 8 月划归河北省。

6. 民国三十一年（1946 年）河南省涉县石门村赵所成补契（图 37）

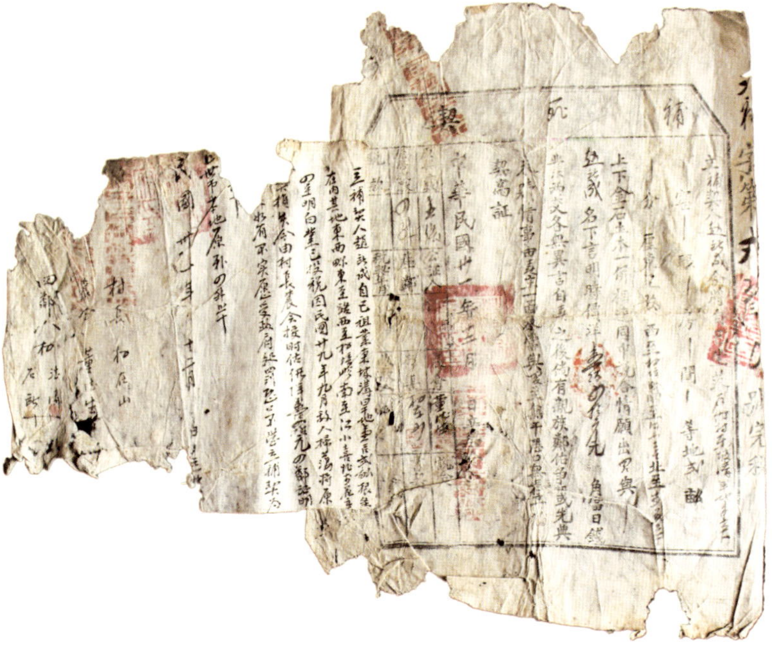

左 25 厘米 ×23 厘米　右 30 厘米 ×39 厘米

图 37

立补契人赵所成自己祖业东坡沟旱地壹段式亩，根条在内，其地东西界：东至路，西至杨培畛，南至江小喜，北李花亭，四至明白，业已投税。因民国廿九年九月敌人扫荡，将原契损失。今由村长、农会按时估价洋壹佰四拾元。四邻证明作保，如有不实，愿受政府处罚。空口不凭，立补契为证。（签押）

上带本地原粮四升止（签押）

民国卅一年十二月　日立（签押）

村长　杨在山（章）

农会　董德生（章）

德清（签押）

四邻人　杨

石所（签押）

7. 民国三十二年（1943 年）河南省涉县更乐村董花堂补契（图 38）

立补死契人董花堂，因民国廿九年九月敌人扫荡，将祖业庄房壹处十间红契被敌劫去，其地东至董庆发，北至江三旦，西至王世昌，南至本主。今由村长、农会及四邻证明，该契确系税后被毁，并由村长、农会主任评估时价洋叁百元。恐后所有权丧失，特补立新契，以保死契为证。

民国卅二年元月十日　补契人董花堂

村　长　杨贵明（章）

农　会　董庆发（章）

证明人　　　王世昌（手印）

四　邻　江凤燕（手印）

董庆发（手印）

江凤金（手印）

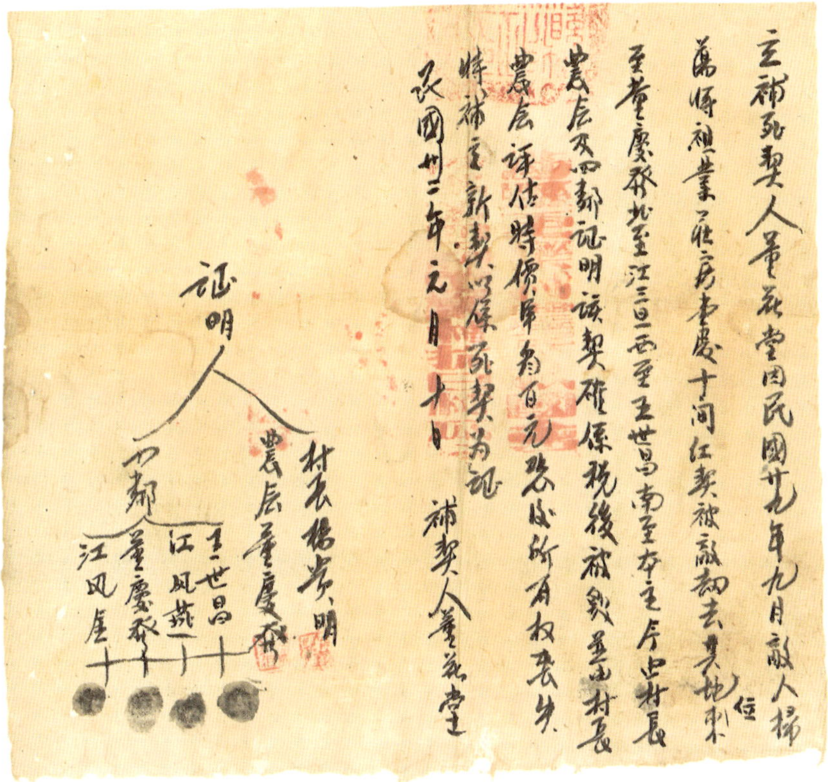

25 厘米 ×23 厘米

图 38

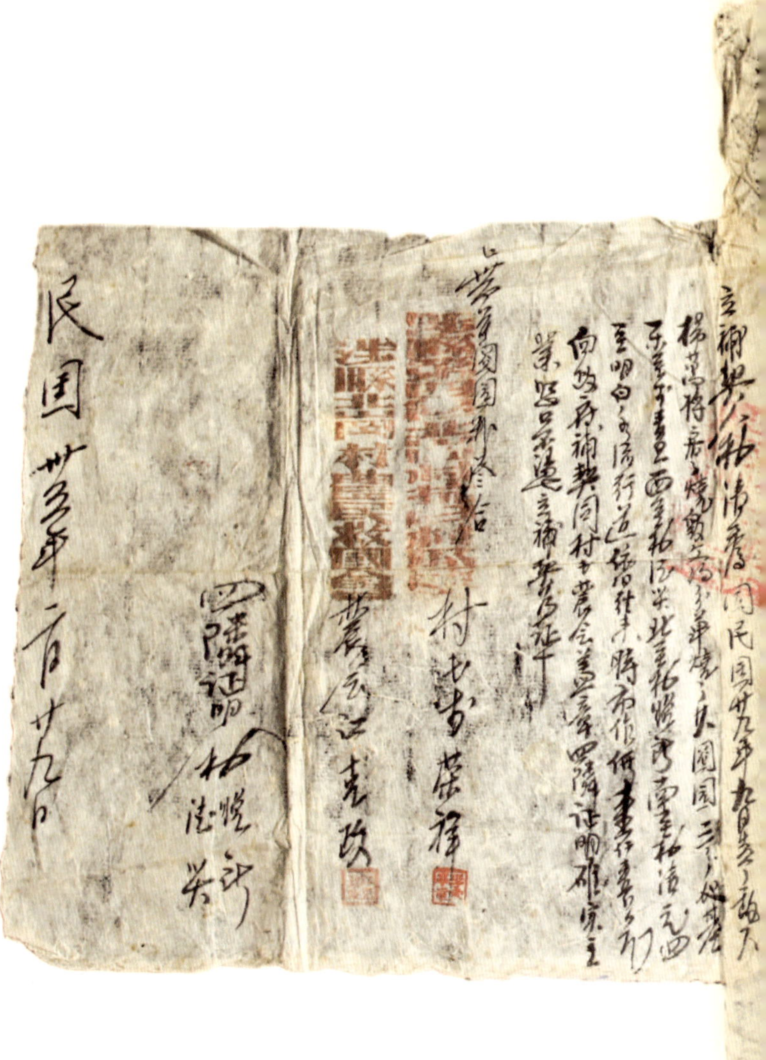

左 25.5 厘米 ×24 厘米　右 27 厘米 ×36 厘米

图 39

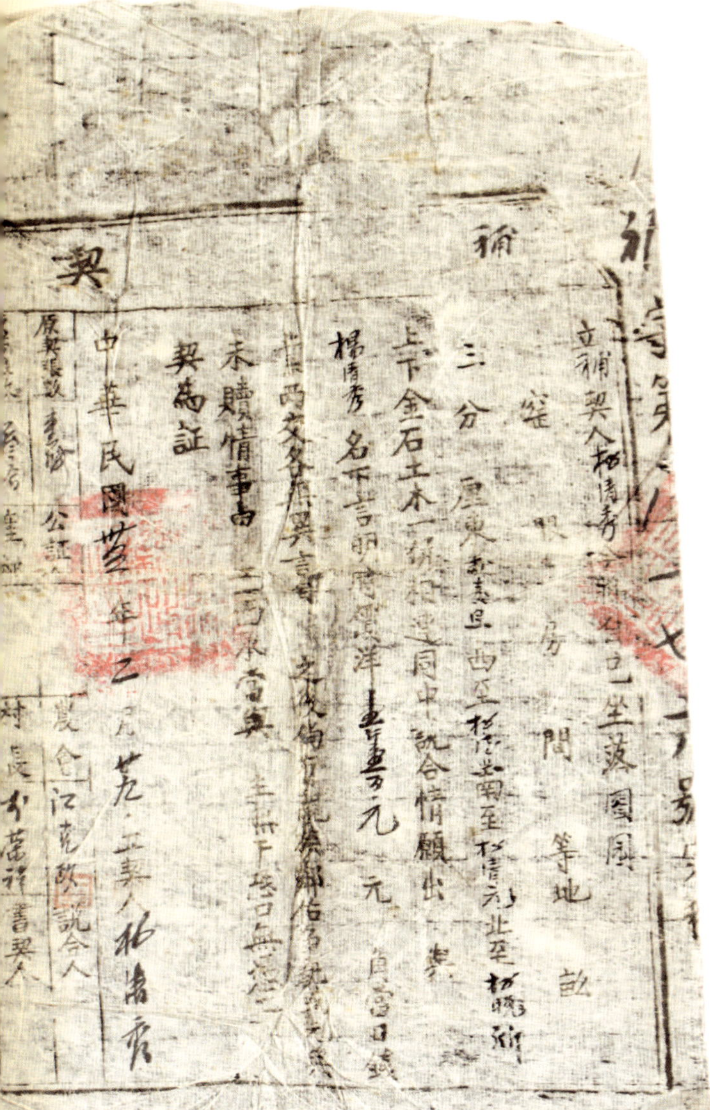
補契
立補契人楊清秀今將自己坐落園周
窑 間 房 間 等地 畝
三分 原東至 西至 南至 北至
上下金石土木一併在內同中說合情願出 契
楊清秀 名下言明價洋 元 自當日錢
業兩交無異言
未贖情事由 一面承當與 無干 空口無憑
契為証
中華民國卅二年 月 日 立契人 楊清秀
原契張數 公証人
農會 江克啟 說合人
村長 書契人

8. 民国三十五年（1946 年）河南省涉县北岗村杨清秀补契（图 39）

立补契人杨清秀因民国廿九年九月十五日敌人扫荡，将房子烧毁，文约分单烧了。其圐园三分地基：东至李麦旦，西至杨德兴，北至杨悦所，南至杨洁元，四至明白，水流行道依旧往来。时市作价壹仟壹百元。向政府补契，同村长、农会盖章，四邻证明确实之业。恐口不凭，立补契为证。（签押）

带着圈园粮叁合

村长　李荣祥（章）

农会　江克政（章）

四邻证明人　杨悦所

杨德兴

民国卅五年二月廿九日

9. 民国三十三年（1944 年）河南省涉县常乐村张谙补契（图 40）

立卖死契张谙因为不便，今将自己祖业地名南凸旱地一段式亩，其地东西界：东至李氏，西至张天顺，南至李成富，北至李自才，各取（处）四至明白，山水行道依旧往来。今情愿出卖与本村弋丙贵名下承为死业。同说合言明，时价洋式佰元整。其笔交因以民国廿九年九月廿三日敌人扫荡，将文约烧怀（坏）。今同村长、农会、四邻证明作保补契，要是不失（实）愿受政府处理。恐口不凭，立补契为证。

上带本地原粮式升止

村副　崔学娥（章）

农会　贾和高（手印）

同四邻作保　许本善（手印）

　　　　　　刘鸿章（手印）

　　　　　　刘成章（手印）

　　　　　　刘民用（手印）

民国卅年三月初壹日　立补契人弋丙贵

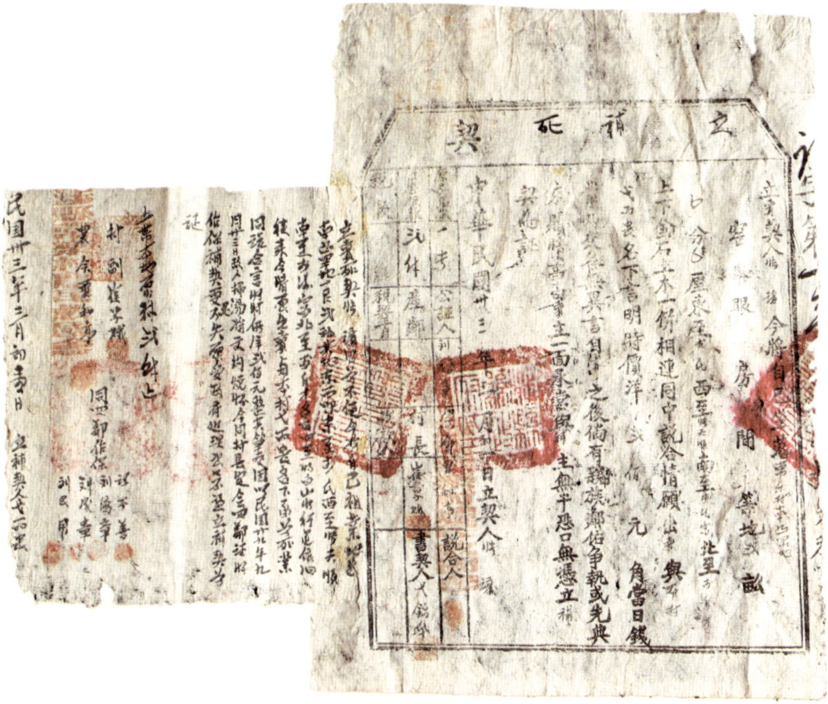

左 20 厘米 ×22 厘米　右 36 厘米 ×38 厘米

图 40

10. 民国三十二年（1943 年）河南省涉县上温村孙东山补契（图 41）

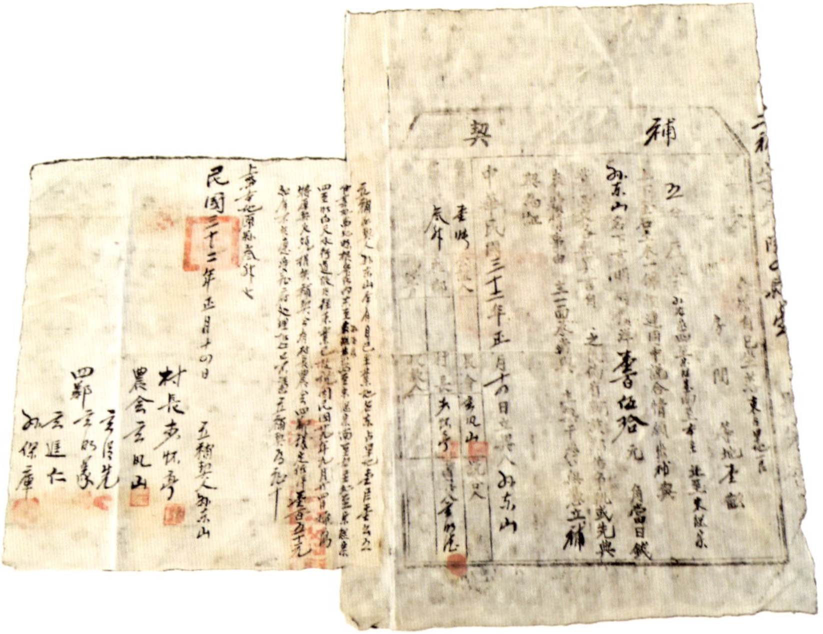

左 24.6 厘米 ×26 厘米　右 29 厘米 ×39 厘米

图 41

立补死契人孙东山，今有自己主（祖）业地名东占旱地壹段壹亩五分，其地西北界根条在内，东至孙海泉、李继案，西至宋继宗，南至本主，北至宋继宗，四至明白，天水行道依旧往来，业已投税。因民国廿九年九月廿四日扫荡，将原契火烧损失补契。今有村长、农会、四邻议定价洋壹百五十元。如有不失（实），愿受证（政）府处理。恐口不凭，立补契为证。（签押）

上带本地原粮叁升止

民国三十二年正月十四日　立　补契人孙东山

村　长　李怀亭（章）

农　会　玄风山（章）

玄清先（手印）

四　邻　玄明兼（手印）

玄进仁（手印）

孙保库（手印）

11. 民国三十一年（1942 年）河南省涉县更乐村李凤林补契（图 42）

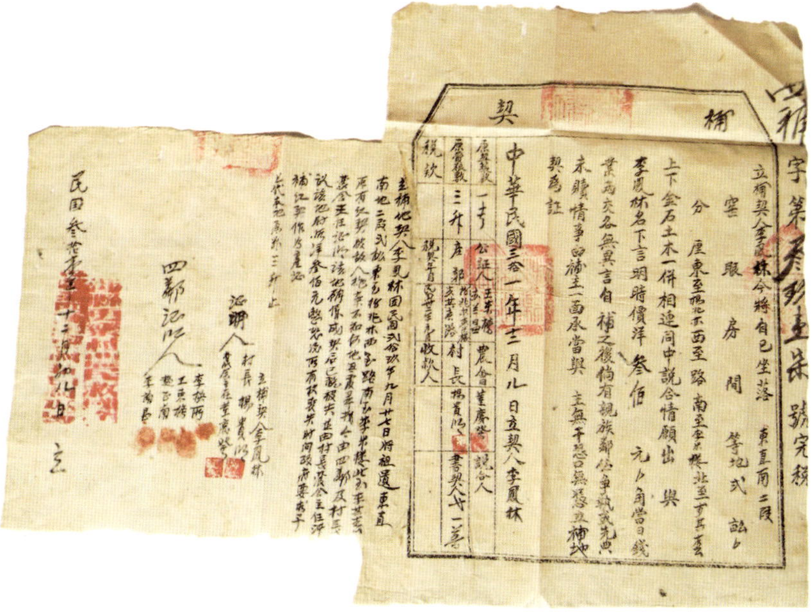

左 25 厘米 ×25 厘米　右 29 厘米 ×37 厘米

图 42

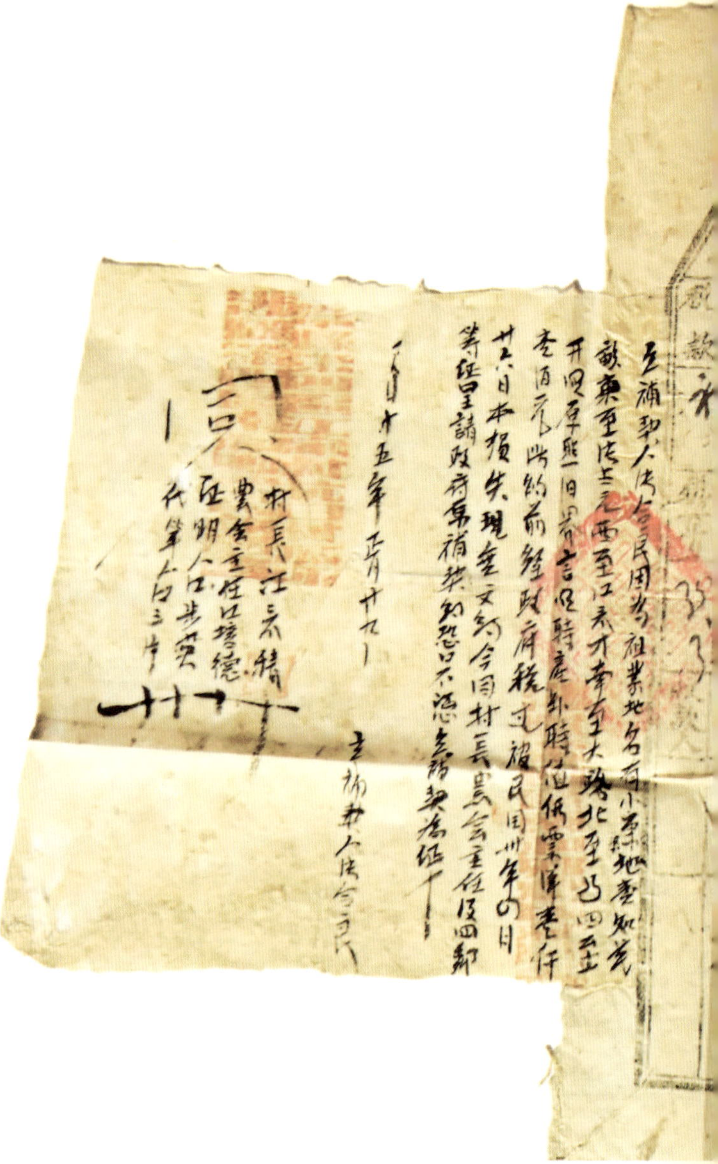

左 20 厘米 ×22 厘米　右 27 厘米 ×38 厘米

图 43

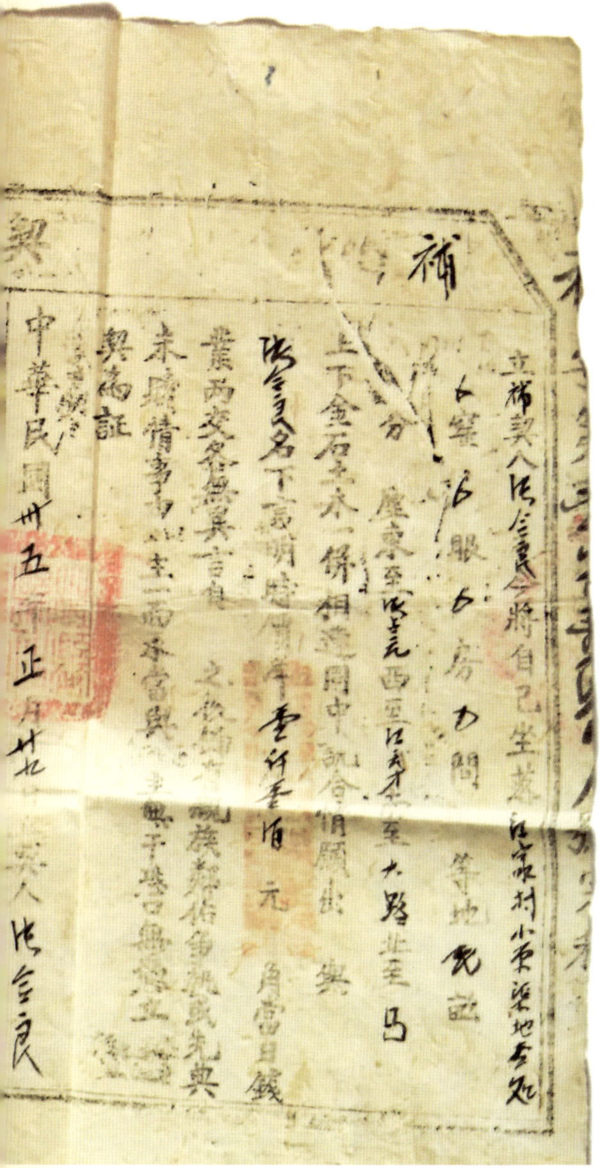
補

立補契人張金良今將自己坐落江家村小東梁地名处
上窰 洞 眼 上房 九 間 等地弍畝
分 座東至張金元 西至江秀才 至大路 北至 山
上下金石土木一併相連同中說合情願出 與
張金良名下 管明 價洋壹仟壹佰 元 自當日錢
業兩交各無異言自 之後如有 親族鄰佑爭執異先與
未填情事由 一面承當與 無干恐口無憑立
契為証
中華民國卅五年正月廿九 立契人 張金良

立补地契人李凤林，因民国弍拾玖年九月廿七日将祖遗东直南地二段弍亩，东至杨兆林，西至路，南至李米楼，北至李其春，原有红契被敌人抛弃，不知何地无处寻找。今由四邻及村长、农会主任证明，该地确系成契后已税被失，并由村长、农会主任评议该地时价洋叁佰元整。恐后所有权丧失，时向政府要求予补红契作为产证。

上代（带）本地原粮三升止　　立补契人李凤林

村　　长　杨贵明（章）

证明人

农会主任　董庆发（章）

李换所（手印）

四邻证明人　王东榜（手印）

赵正南（手印）

李兰昌（手印）

民国叁拾壹年十二月初九日　立

12. 民国三十五年（1946 年）河南省涉县江家村张合良补契（图 43）

立补契人张合良，因为祖业地名有小东渠地壹处弍亩，东至张上元，西至江辰才，南至大路，北至凸，四至开明，原照旧界，言明时产粮时值价票洋壹仟壹佰元。此约前经政府税过，被民国卅年四月廿六（日）日本损失，现无文约。今同村长、农会主任及四邻等证（明），呈请政府原补契约。恐口不凭，立

补契为证。（签押）

民国卅伍年正月廿九日　立补契人张合良

村　　长　江辰积（签章）
同　人　农会主任　江培德（签押）
证 明 人　江步英（签押）
代　　笔　江三片（签押）

13. 民国三十一年（1942 年）河南省涉县神头村申修德补契（图 44）

立补契人申修德，今有自己祖业窑背巷房一处二十间，其房东至申恩补，西至申宗祠申协中、申好贤，南至大庙图路，北至街路道，前后均通，四至明白。因事变后屡次备战而文约无处所存，但于（民国）卅年九月间敌寇将来扫荡将红契埋在地下，被潮湿把红契烂了。今经村长、农会主任并四邻证明，其情形属实，庖补文约而为凭。其房时价洋弍仟伍佰元，原粮壹升。恐后无凭，立补契为证。（签押）

民国卅十一年十二月廿日立补契人申修德（签押）

村　　长　申福生（章）
农会主任　王　仁（章）
申协兼
证明人　四邻　申景義
冯庞厚
申群生

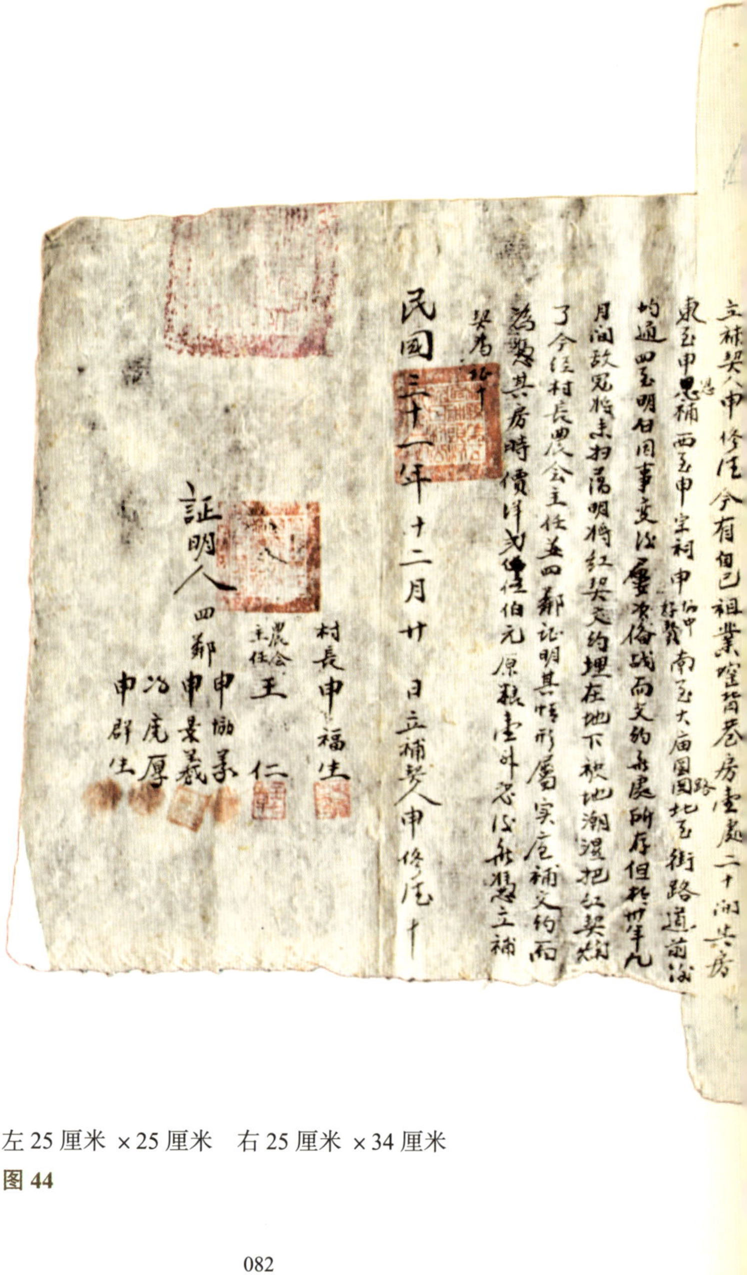
立補契人申修任今有自己祖業坐落巷房壹處二十間共房
東至申思補 西至申宗利 申協中 申存贊 南至大廟園地 北至街路 通前後
均通 四至明白 因事變後 屢遭倫賊 而契約無處所存 但於卅年九
月間敵寇將來掃蕩 明將紅契文約埋在地下 被地潮濕 把紅契爛
了 今經村長農会主任並四鄰證明其情形屬實 定補文約 而
為契據 其房時價洋伍佰元 原粮壹升 恐後無憑 立補
契為証
民國三十一年十二月廿 日 立補契人 申修任 十
村長 申福生
農会主任 王 仁
証明人
四鄰 申協中 申景義 申虎厚 申群生

左 25 厘米 ×25 厘米　右 25 厘米 ×34 厘米

图 44

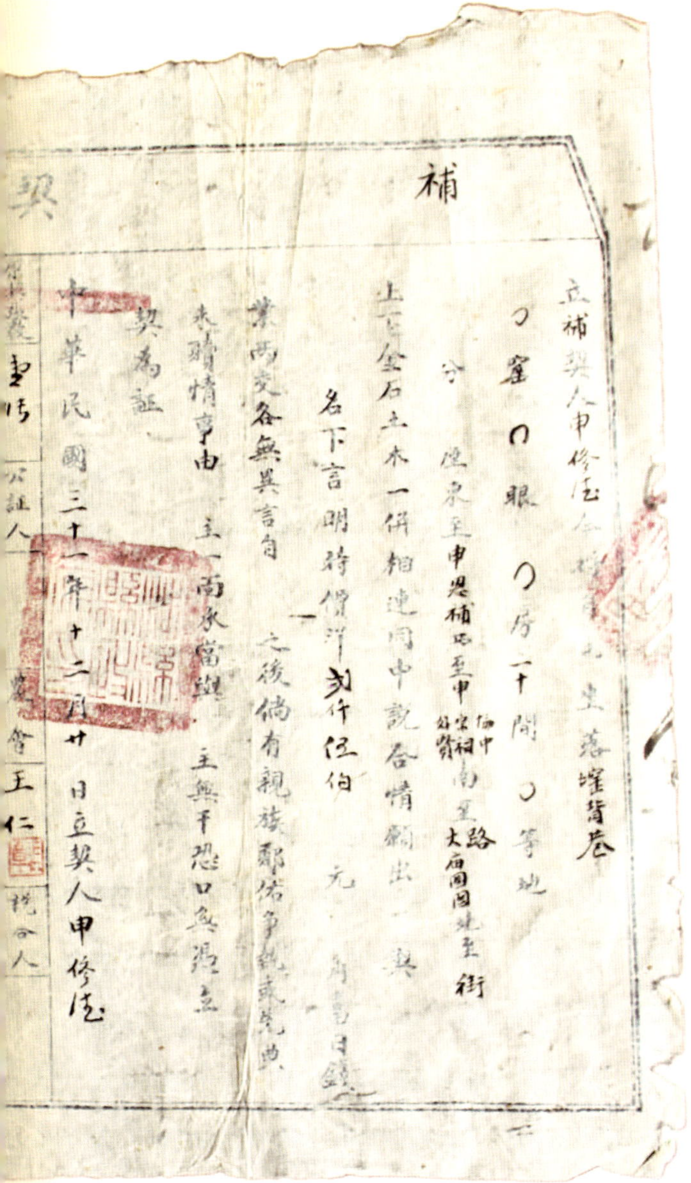

契

補

立補契人申修德今將坐落窪背巷
○窯○眼○房一十間○等地
分 東至申界補西至申宗祠南至路北至街
上下金石土木一併細連同中說合情願出賣與
名下言明時價洋 元
業兩交各無異言自 之後倘有親族鄰佑爭執或典
來贖情事由 立一面承當與 主無干恐口無憑立
契為証
中華民國三十一年十二月廿 日立契人申修德
代書
公証人
監管 王仁
說合人

14. 民国三十一年（1942 年）河南省涉县赤岸村张善福补契（图 45）

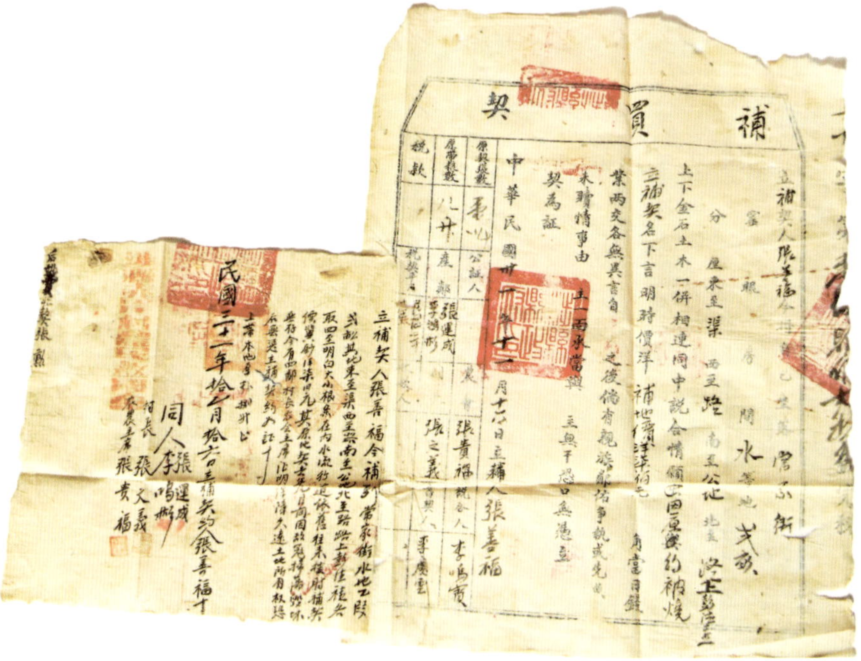

左 21 厘米 ×21 厘米　右 29 厘米 ×36 厘米

图 45

立补契人张善福，今补到常家街水地乙段弍亩，其地东至渠，西至路，南至公地，北至路路上彭德积，各取四至明白，大小根条在内，水流行道依旧往来，按时补契价冀钞洋柒百元，其原地契去年九月间因敌寇扫荡毁坏无成，今有四邻、村长、农会主席证明，保障久远土地所有权。恐后无凭，立补契为证。（签押）

上带本地原粮捌升止

民国三十一年拾乙月拾六日立补契人张善福（签押）

张运成

同人

李鸣彬

村长　张文义（章）

农会主席　张贵福（章）

冀钞，亦称“冀南币”。1939 年 10 月抗日根据地冀南银行发行的货币，流通于晋冀鲁豫边区，曾为边区的经济发展作出过巨大贡献。1948 年 5 月后成为华北解放区本位币，同年底中国人民银行成立后停止发行。

15. 民国三十一年（1942 年）河南省涉县峪里村张喜群收获契（图 46）

立收伏（获）人张喜群有刘有明揭约一张，本洋拾伍元。因敌人扫荡烧掠之时将文约损失无踪。以后若有文约现出，如此故低（抵）。恐口不凭，立收伏为计。（签押）

民国卅一年十二月廿四日　立（签押）

同中人　牛进林（签押）

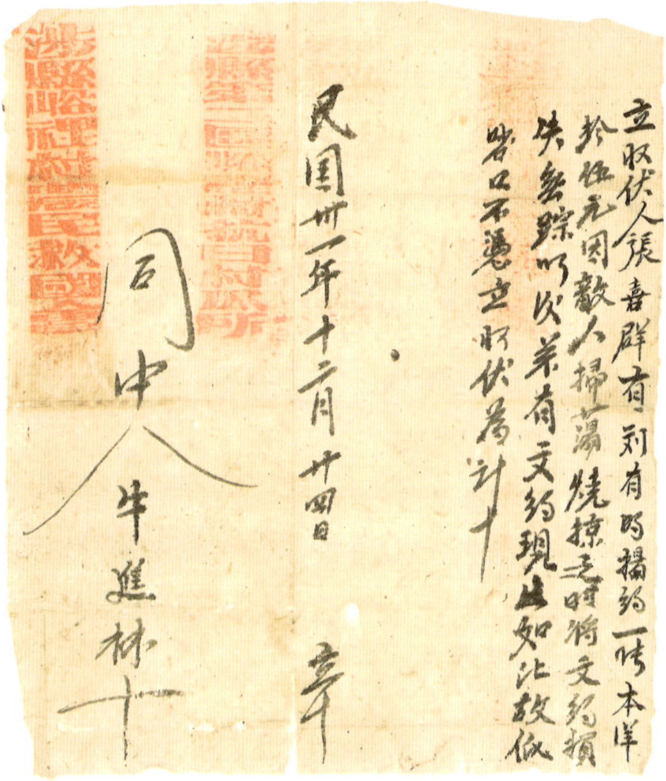

立收伏人張喜群有刘有明揭約一張本洋
拾伍元因敵人掃蕩燒掠之時將文約損
失無踪所以弟有文約現出如此故做
憑口不憑立收伏為証 十

民国卅一年十二月廿四日 立

同中人 牛進林 十

20 厘米 ×23 厘米

图 46

16. 民国三十一年（1942 年）河南省涉县南庄村郝茂兴补契（图 47）

立补买契人郝茂兴今将自己祖遗产秋树湾水地壹亩，其地四至：东至渠，西至路，南至王双焘，北至渠，水流行道依旧往来。同农会、村长议定时价洋玖佰五拾元正（整）。于民国卅一年正月初四日敌人扫荡，将原红契文约放入衣服内被敌人抢去等情。恐口无凭，立补契为证。（签押）

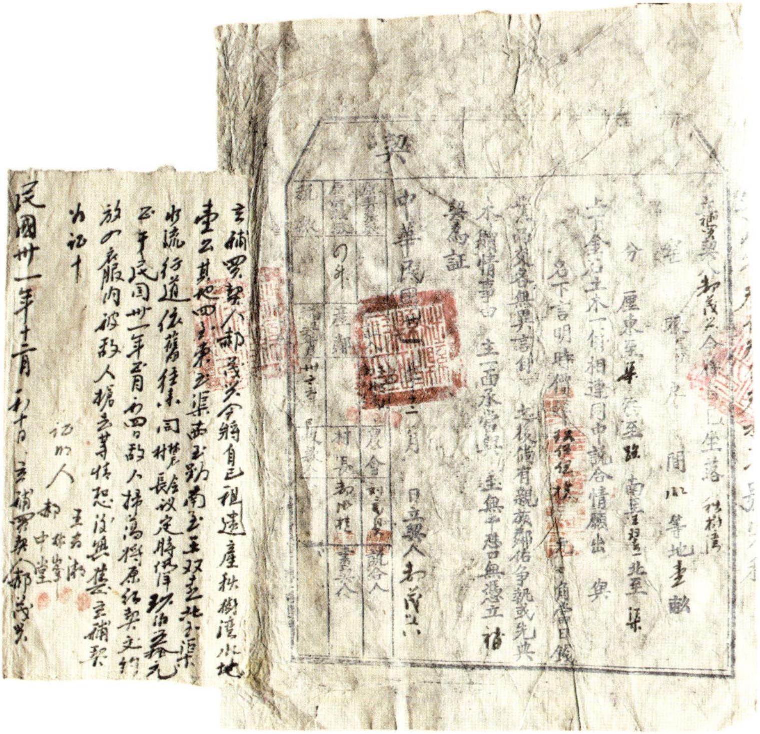

左 27 厘米 ×27 厘米　右 29 厘米 ×37 厘米

图 47

证明人　王有湘（手印）

郝林峰（手印）

郝中堂（手印）

民国卅一年十二月初十日　立补契人郝茂兴

本地原粮四升止

村　　长　郝风桂（章）

农会主任　刘辰恩（章）

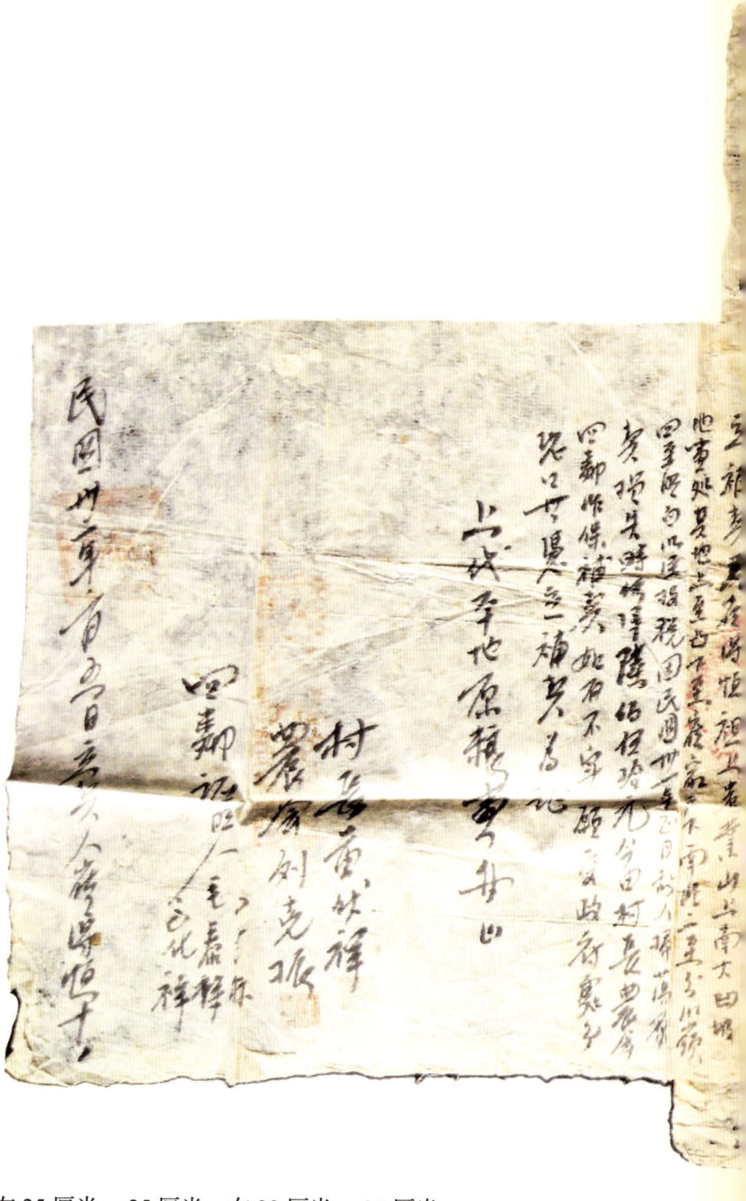

左 25 厘米 ×25 厘米　右 29 厘米 ×37 厘米

图 48

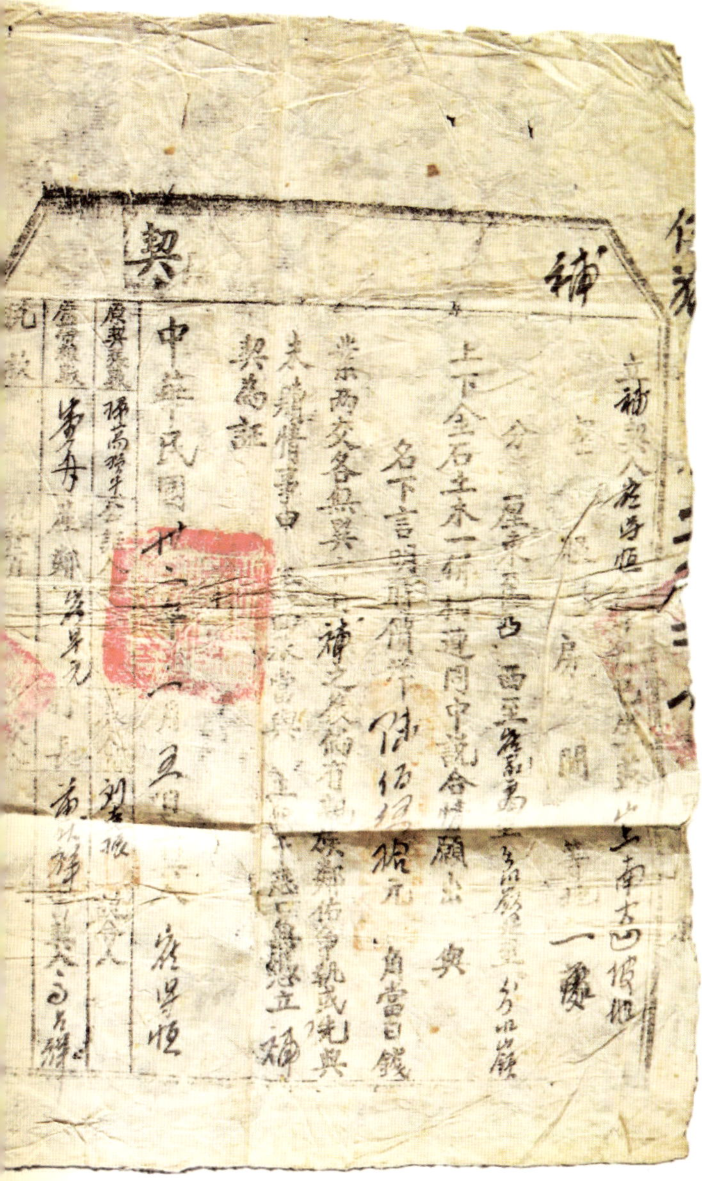

17. 民国三十二年（1943 年）河南省涉县石门村崔得恒补契（图 48）

立补契人崔得恒祖上遗业山上南大凹坡地壹处，其地上至凸，下至崔家户下，南北二至分明，岭四至明白，以（已）经投税。因民国卅一年正月敌人扫荡原契损失，时价洋陆佰伍拾元。今由村长、农会、四邻作保补契，如有不实，愿受政府处分。恐口无凭，立补契为证。

上代（带）本地原粮壹升止

村　　长　黄伏祥（章）

农　　会　刘克振（章）

马文标

四邻证明人　毛泰祥

马化祥

民国卅二年二月五日立契　人崔得恒（签押）

18. 民国三十五年（1946 年）河南省涉县西峧村申天法补契（图 49）

立补契人申天法今将自己祖业地名南圪倒地一处，其地四至：东至岭，西至申天堂，南至申马党，北至河中，四至以（已）明，已经投税。因民国卅一年四月扫荡，将原契损失。今作价洋七百元，今同村农及四邻证明作保补契，如有不实，愿受政府处分。空口不凭，立补契为证。

村长（章）

农会（章）

徐德春（签押）

四邻证明

申天屏（签押）

民国三十五年正月廿五日　立补契人申天法（签押）

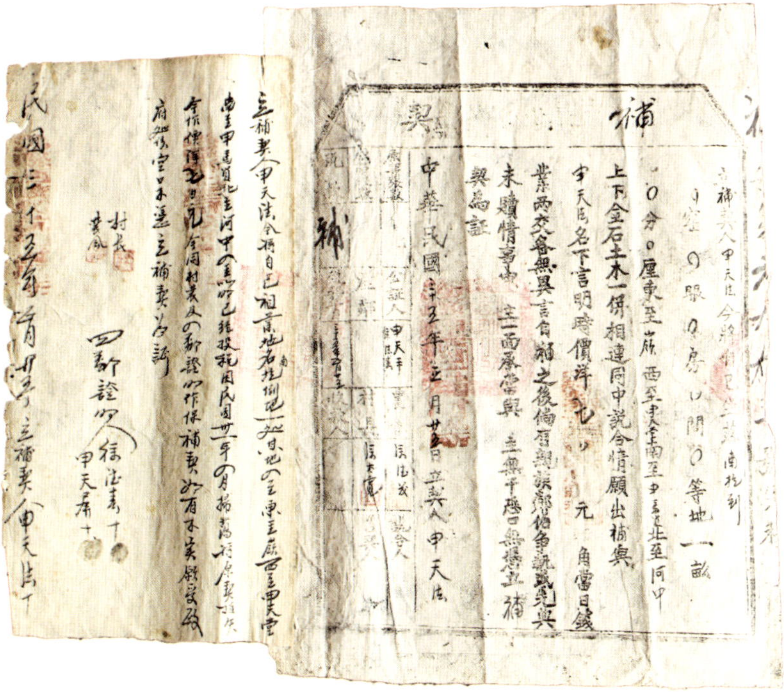

左 6.5 厘米 ×31 厘米　右 27 厘米 ×36 厘米

图 49

19. 民国三十二年（1943 年）河南省涉县北岗村李三孩补契（图 50）

立补红契人李三孩因民国三十一年四月敌人扫荡将房内窑衕（洞）掘开，粮食、依（衣）服、红契文约两张亦并损失。红契文约早已税过，地名港南场地一段二分，其地东（至）李

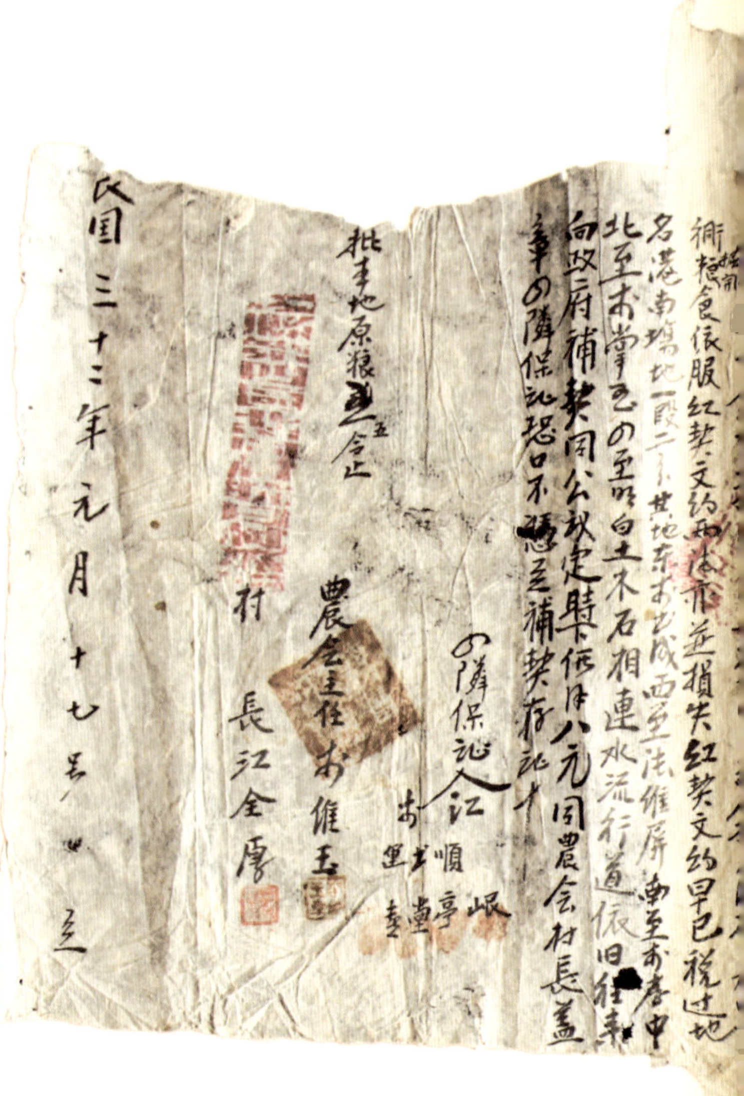

左 24 厘米 ×26 厘米　右 27 厘米 ×31 厘米

图 50

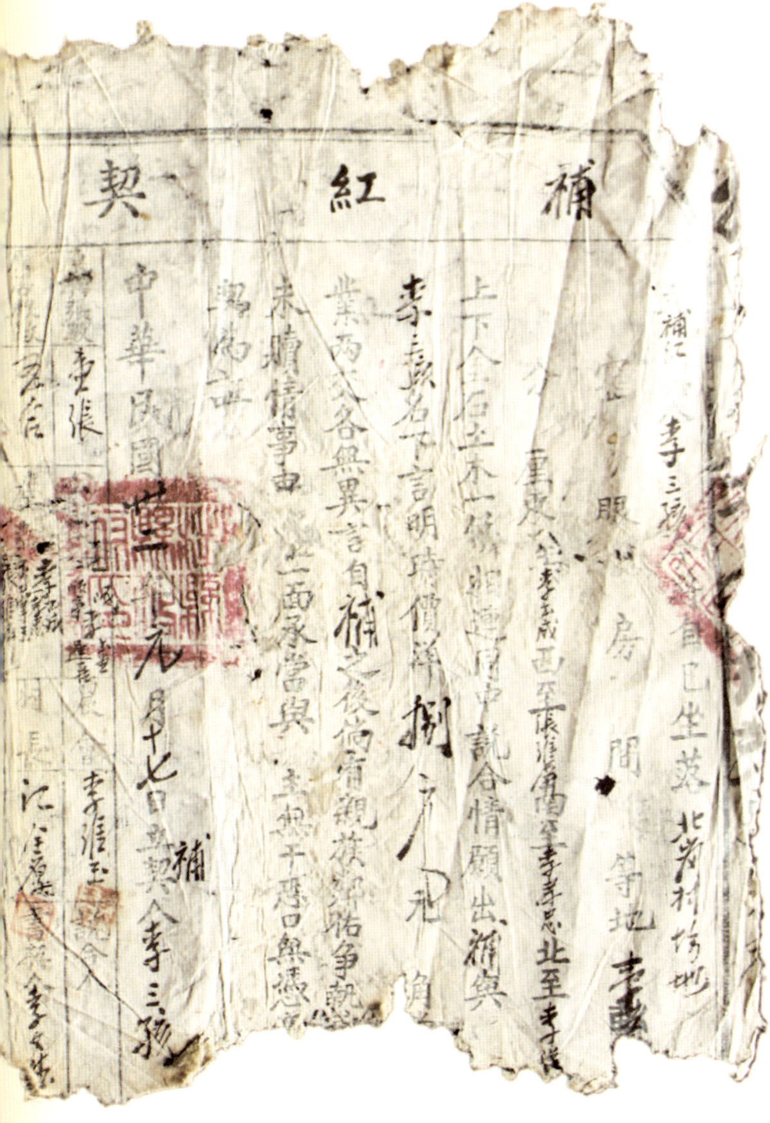
補紅契

中華民國

书成，西至张维屏，南至李孝中，北至李掌玉，四至明白，土木石相连，水流行道依旧往来，向政府补契。同公议定时下价洋八元。同农会、村长盖章，四邻保证。恐口不凭，立补契存证。（签押）

批本地原粮五合止

江　岷（手印）

四邻保证人　江顺亭（手印）

江书堂（手印）

李运焘（手印）

农会主任　李维玉（章）

村　　长　江全厚（章）

民国三十二年元月十七号　立

20. 民国三十一年（1942 年）河南省涉县赤岸村张振辛补契（图 51）

立补契人张振辛今补到上河沟阳家凸水地三亩，东至河，北至张三则，西至张书祥，南至王楼则，各取四至开明，大小根条在内，天雨行道依旧往来，按时补价洋壹仟元。其原契因本年敌寇四月敌人扫荡将文业（约）失掉，经四邻、村长、农会主席保证，其土地永久所有权。恐口无凭，立补契为证。（签押）

上带本地原粮壹斗弍升

民国卅壹年拾壹月廿日　立补契人张振辛（签押）

同　　人　张民祥（章）

赤岸村长　张文义（章）

农会主席　张贵福（章）

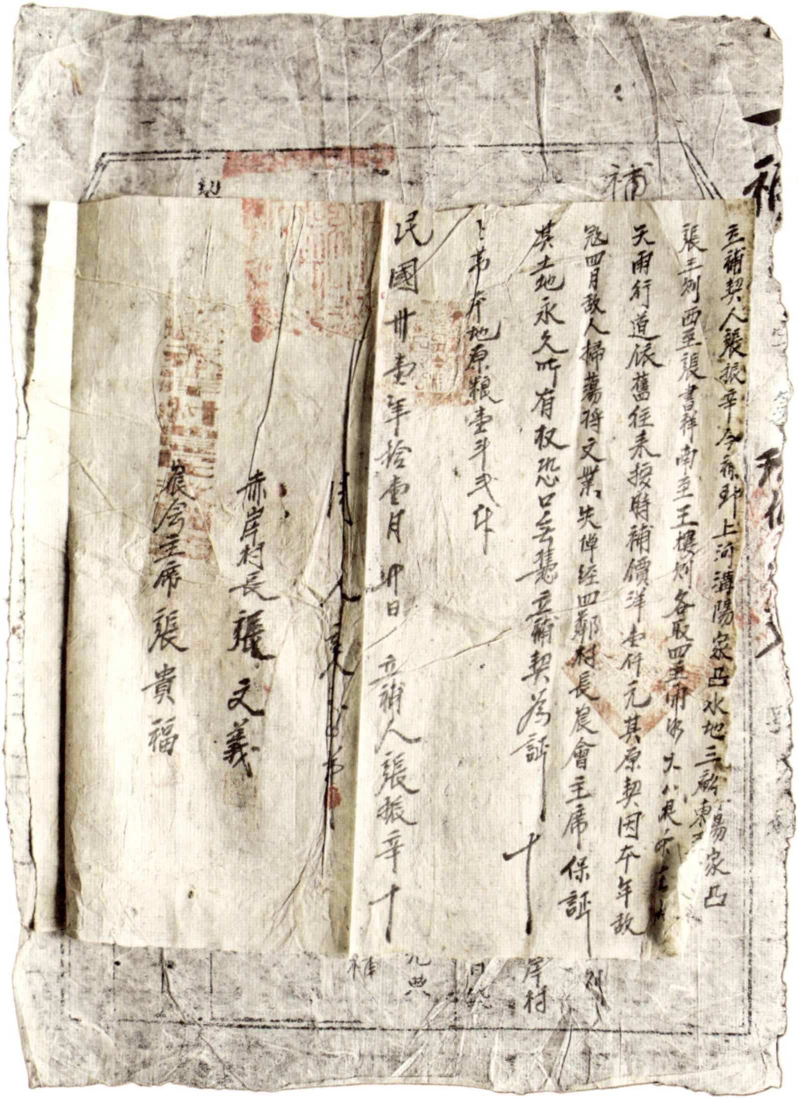

左 25 厘米 ×25 厘米　右 26 厘米 ×35 厘米

图 51

21. 民国三十五年（1946 年）河南省涉县西峧村申天法补契（图 52）

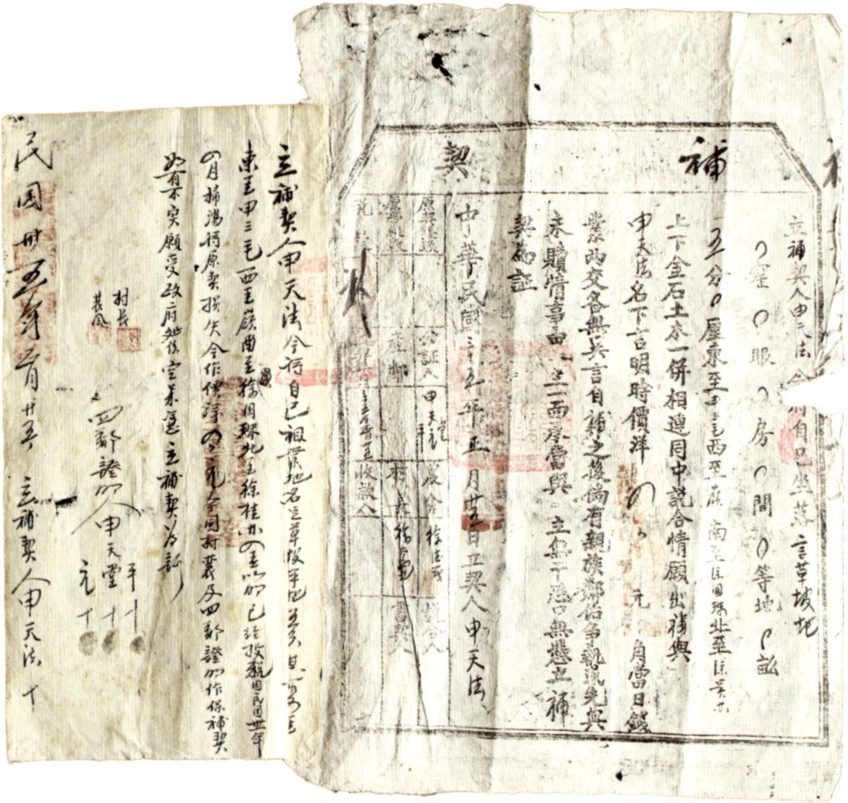

左 7 厘米 ×31 厘米　右 27 厘米 ×37 厘米

图 52

立补契人申天法今将自己祖业地名足草坡平地五分，其四至东至申三毛，西至岭，南至徐国珠，北至徐桂林，四至以（已）明，已经投税。因民国卅一年四月扫荡将原契损失。今作价洋四百元。今同村（长）农（会）及四邻证明补契，如有不实，愿受政府处分。恐口不凭，立补契为证。

村　　长（章）

农　　会（章）

四邻证明人　申天平（签押）

申天堂（签押）

申天元（签押）

民国卅五年正月廿五日　立补契人申天法（签押）

22. 民国三十五年（1946 年）河南省涉县南岗村何俊美补契（图 53）

立补契人何俊美因为祖业地名东湾地一段一亩二分九厘，东至何小兰，西至何林山，南至路，北至路，四至明白，土木石相连，水流旧道愿（原）照旧界，言明产粮时值价洋玖佰元。担（但）因民国卅一年四月十一日日本扫荡，驻在我村照开姚酒，损失粮食、衣服、文约。今同村长、农会主任及四邻刁（调）查石（实）缺政（证）明等呈请政府愿（原）照补契。空口不凭，立补契为证。（签押）

上代（带）本地元（原）粮二升

民国卅伍年二（月）初六　立补契人何俊美

村　长　江辰积（章）

农　会　江培德（章）

何二张（签押）

同公证人 何贵枝（签押）

何毛的（签押）

街　　长 何桂枝

书 契 人 何忠元

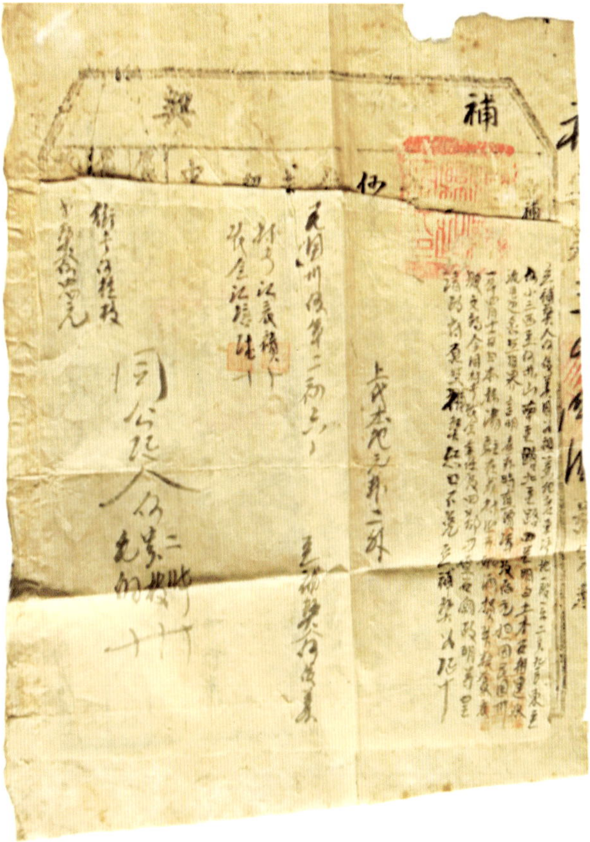

左 25.5 厘米 ×28 厘米　右 27 厘米 ×36 厘米

图 53

23. 民国三十一年（1942 年）河南省涉县东达村任喜拴补契（图 54）

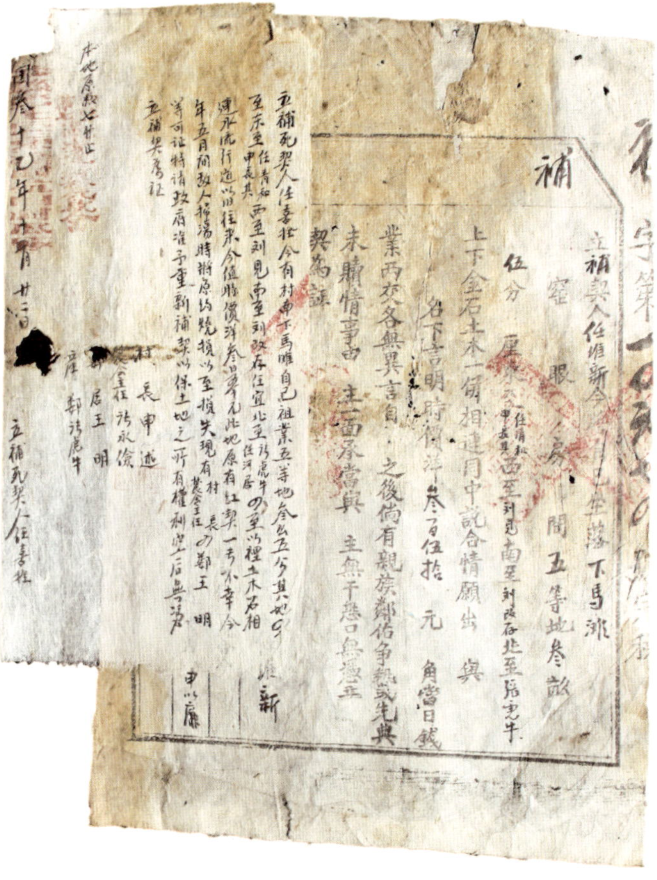

左 15.5 厘米 ×32 厘米　右 27 厘米 ×39 厘米

图 54

立补死契人任喜拴今有村南下马滩自己祖业五等地叁亩五分，其地四至东至任青和、申长其，西至刘见，南至刘改存、任宜，北至张虎牛、任河居，四至以里土木石相连，水

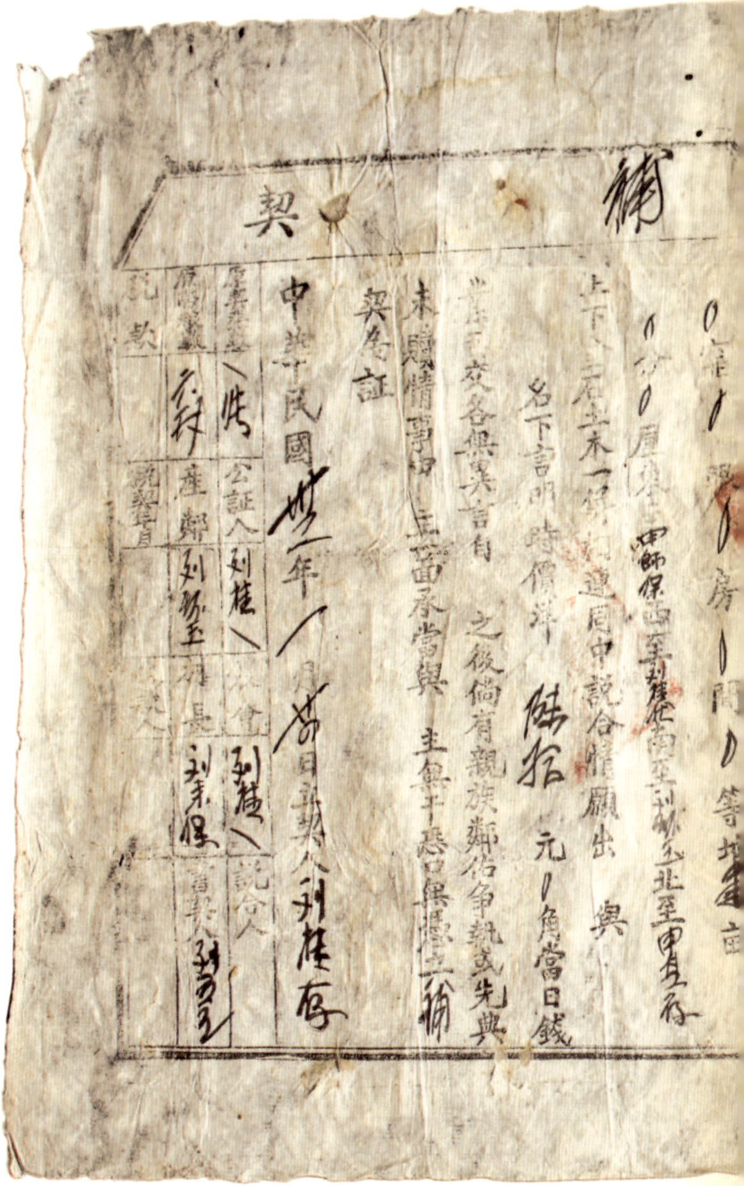
補
契
契為証
中華民國卅一年八月 日立補契人刘桂存
公証人 刘桂
說合人

左 27 厘米 ×38 厘米　右 21 厘米 ×33 厘米

图 55

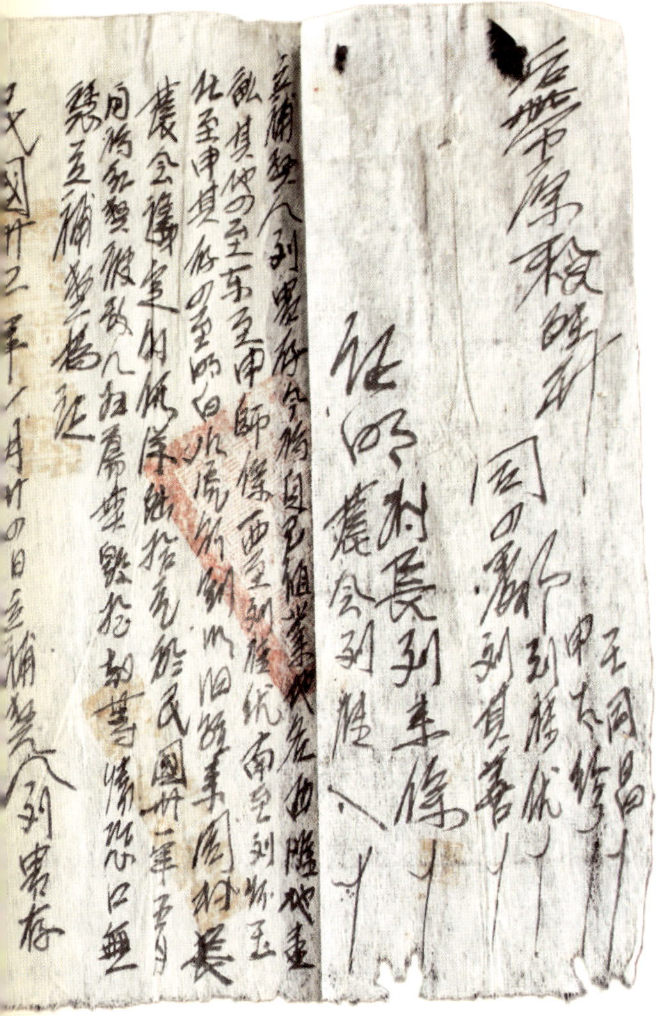

立補契人刘書存今將自己祖業地壹段坐落西堰地壹
畝其地四至东至申師僕西至刘穆侁南至刘娇玉
北至申其存四至明白此係刘書存旧契来同村長
農会議定村係洋紙於民國卅一年五月
间將舊契被敌人日寇焚毁於劫其情恐口無
憑立補契為証
民國卅二年八月廿四日立補契人刘書存

后带房粮銀壹升
同四鄰 刘穆侁十 刘其善十 申太修十 王同昌十
證明 村長刘来修十 農会刘胜十

流行道以旧往来。今值时价洋叁百五十元。此地原有红契一长（张），不幸今年五月间敌人扫荡时将原约烧损，以至（致）损失。现有村长、农会主任、四邻王明等可证，特请政府准予重新补契，以保土地之所有权利。空后无凭，立补契为证。

本地原粮七升止

村　　长　申述（章）

农会主任　张永俭（章）

邻　　居　王明

产　　邻　张虎牛

民国叁十乙年十二月廿二日　立补死契人任喜拴

注：此草契上的立补契人与官契“补契”上的立补契人名字不一致，但土地坐落、等级、面积、时价完全一致，应系其家人。

24. 民国三十二年（1943 年）河南省涉县段曲村刘贵存补契（图 55）

后带原粮陆升

同四邻　王同昌（签押）

申太珍（签押）

刘楼优（签押）

刘其善（签押）

证　明　村　长　刘来系（签押）

农　会　刘　胜（签押）

立补契人刘贵存今将自己祖业地名西滩地壹亩，其地四至：东至申师系，南至刘怀玉，北至申其存，四至明白，水流行道以旧往来。同村长、农会议定的价洋陆拾元。于民国卅一年五月间将红契被敌人扫荡焚毁、抢劫等情。恐口无凭，立补契为证。

25. 民国三十二年（1943年）河南省涉县合芰村郝丕永补契（图56）

立补契人郝丕永，有祖上遗业房楼两间，房壹一间，东北至郝普德，西至郝水全，南至路。四至明白，街院展（碾）磨水井系夥，坑厕系伙。本宅粮式升，时价洋玖拾元。民国卅一年五月寇兵入境，将文约失去。今经过农会、村长立补契为证。

民国卅二年正月初七日　立补契人郝丕永

农　　会　申学贤（章）

村　　长　申鸿亮（章）

丕法（手印）

证明人　郝

丕日（手印）

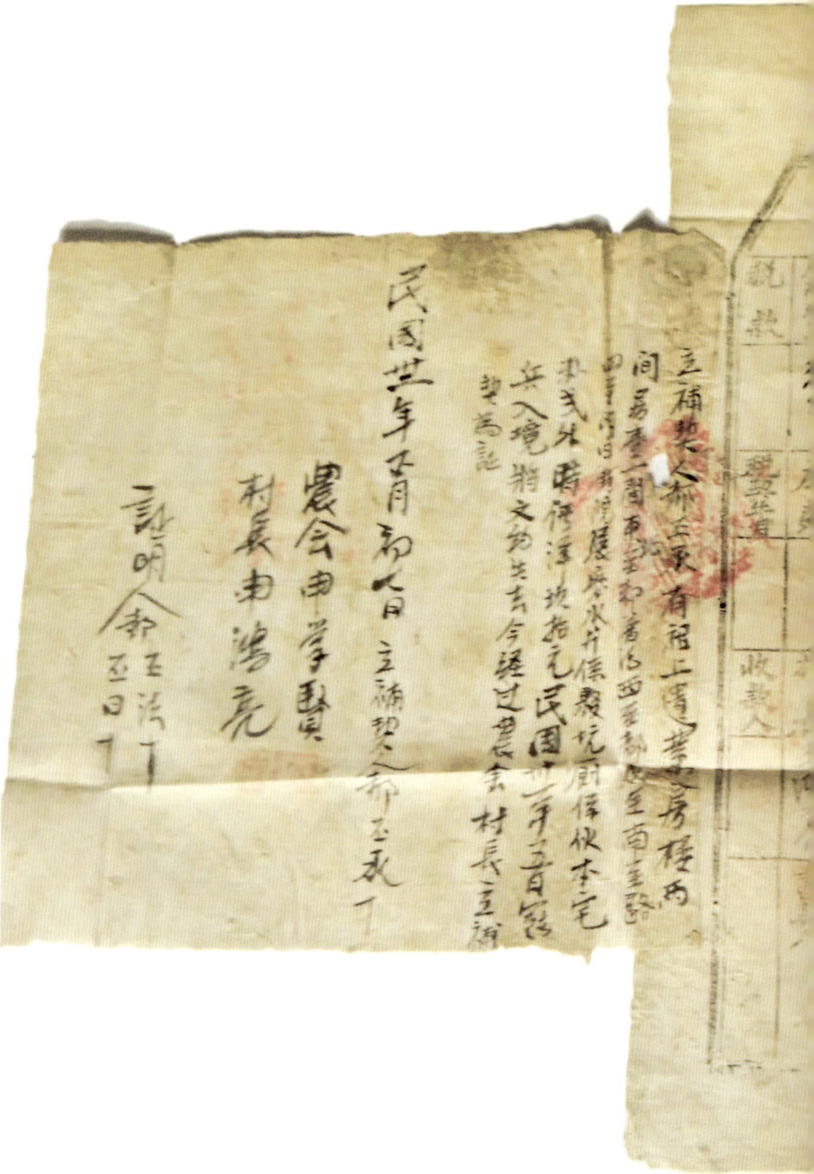

左 23 厘米 ×23 厘米　右 27 厘米 ×37 厘米

图 56

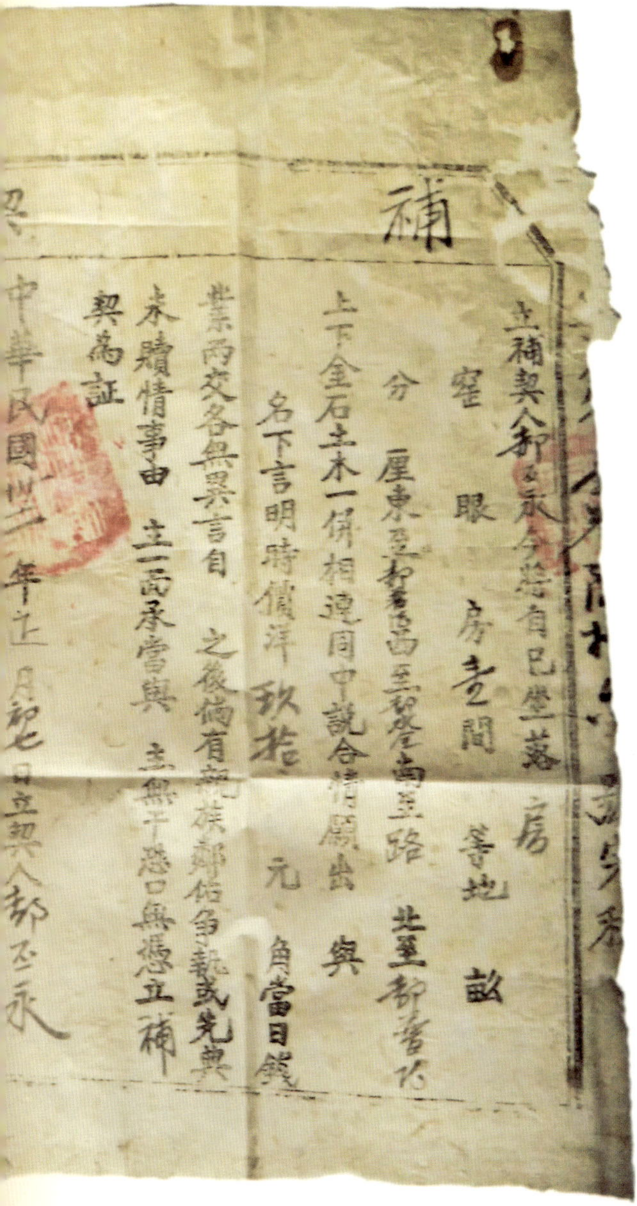

補

立補契人郝丕永今將自己坐落房
窑　眼　房壹間　菁地　畝
分　厘東至郝世昌西至郝佐唐南至路　北至郝晉佐
上下金石土木一併相連同中說合情願出　與
名下言明時價洋　玖拾　元　角當日錢
業兩交各無異言自　之後倘有親族郝佑魯執或先與
來贖情事由　立一面承當與　立無干恐口無憑立補
契為証
中華民國卅二年正月初七日立契人郝丕永

26. 民国三十二年（1943 年）河南省涉县黄金庄李芳的补契（图 57）

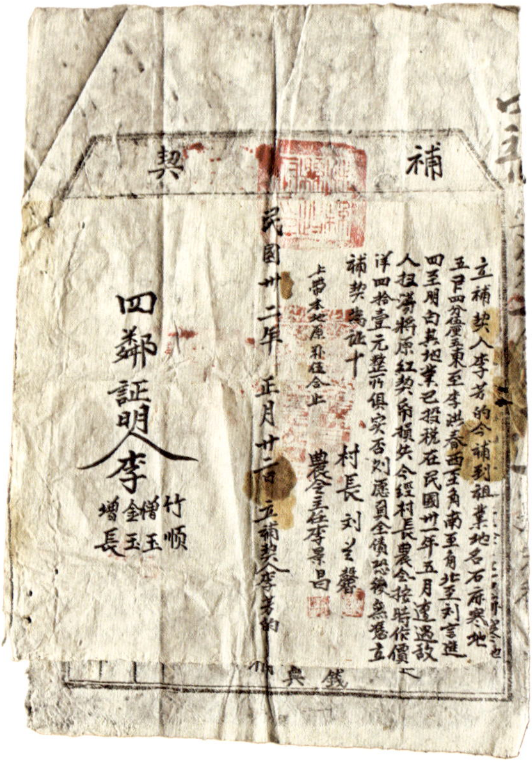

補契

立補契人李芳的今補到祖業地名石麻寒地五段四分伍厘五東至李洪春西至角南至角北至刘言進四至明白其地業已投税在民國卅一年五月遭遇敵人扫蕩將原紅契紙損失今經村長農會按時作價洋四拾壹元整所俱實否則愿負全債恐後無憑立補契為証

上帶本地原粮伍合止

村長 刘兰馨

農會主任李景昌

民國卅二年正月廿二日 立補契人李芳的

四鄰證明人 李 竹順 増玉 金玉 増長

錢 典

左 25.5 厘米 ×24 厘米　右 28 厘米 ×38 厘米

图 57

立补契人李芳的，今补到祖业地名石麻寒地五段四分伍厘五，东至李洪春，西至角，南至角，北至刘言进，四至明白，其地业已投税。在民国卅一年五月遭遇敌人扫荡，将原红契纸损失。今经村长、农会按时作价洋四拾壹元整。所俱实否则愿负全债（责），恐后无凭，立补契为证。

上带本地原粮伍合止

村　　长　刘兰馨（章）

农会主任　李景晶（章）

民国卅二年正月廿二日　立补契人李芳的

四邻证明人　李竹顺

李僧玉

李金玉

李增长

27. 民国三十二年（1943 年）河南省涉县原曲村李园明补契（图 58）

立补契人李园明，今将自己祖业西岗地一亩半其地东至姚璋，西至李德运，南至李来金，北至秦中厚，四至明白，土木相连，水流行道（依旧往来），已经税过。民国三十一年五月初三，敌人扫荡损失，原契无存，合时价洋壹佰元。今由村长、农会、四邻证明负责作保补契。如有不实，愿受政府处分。恐口不凭，立补契为证。

民国三十二年正月二十日　立补契人李元明（签押）

村　　长　李治敬（章）

农　　会　王天柱（章）

四　　邻　李德运（手印）

注：此契草契中立契人为李园明，官契补契中立契人为李德明，时间统一。原因不明。图 59 为同一户主。

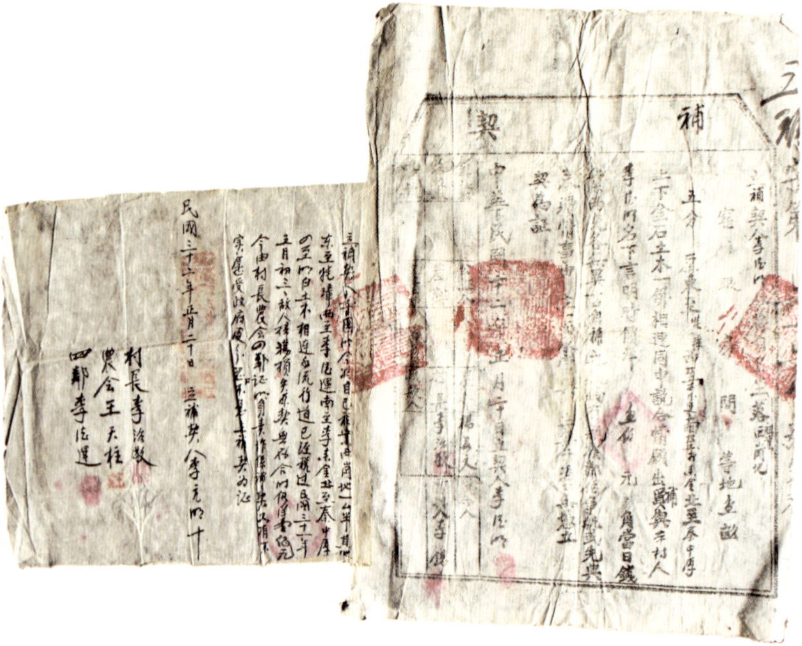

左 25 厘米 ×23 厘米　右 27 厘米 ×37 厘米

图 58

28. 民国三十二年（1943 年）河南省涉县原曲村李德明补契（图 59）

立补契人李德明因自己祖业今有前马厂西坡上地六分，代坡其地东至李德禄，西至凸，南至吴毛孩，北至李福彪，四至明白，土木相连，水流行道依旧往来，前已税过。民国三十一年五月初三敌人扫荡损失，原契无存，合时价洋式拾五元。今由村长、农会、四邻证明，负责作保补契，如有不实，愿受政府处分。恐口不凭，立补契为证。

民国三十二年正月二十日　立补契人李德明（签押）

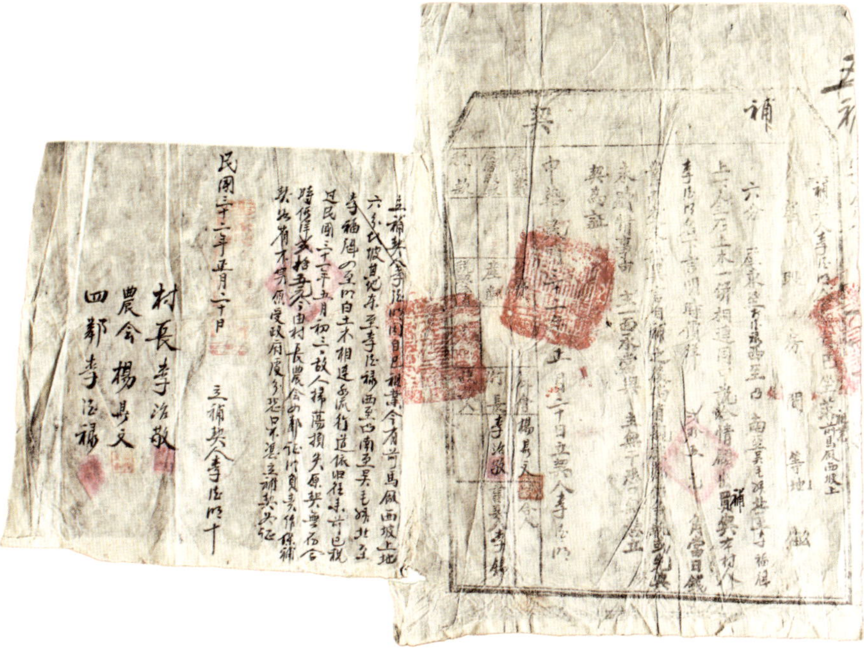

左 25 厘米 ×25 厘米　右 24 厘米 ×36 厘米

图 59

村　长　李治敬（章）

农　会　杨鼎文（章）

四　邻　李德禄（章）

29. 民国三十五年（1946 年）河南省涉县银河井村李通太补契（图 60）

立补卖契人李通太因为不便，将自己祖业地名北岭计地壹处，东至汪连灯，西至山岭，南至赵进忠，北至汪连灯，四至明白，土木石相连一处以尽。今情愿出卖于王书堂名下承为己业，业已投税。只敌人三十二年扫荡土里埋，愿洪（原红）契烂坏了，经通（过）农会、村长、四邻政（证）明是实。如有

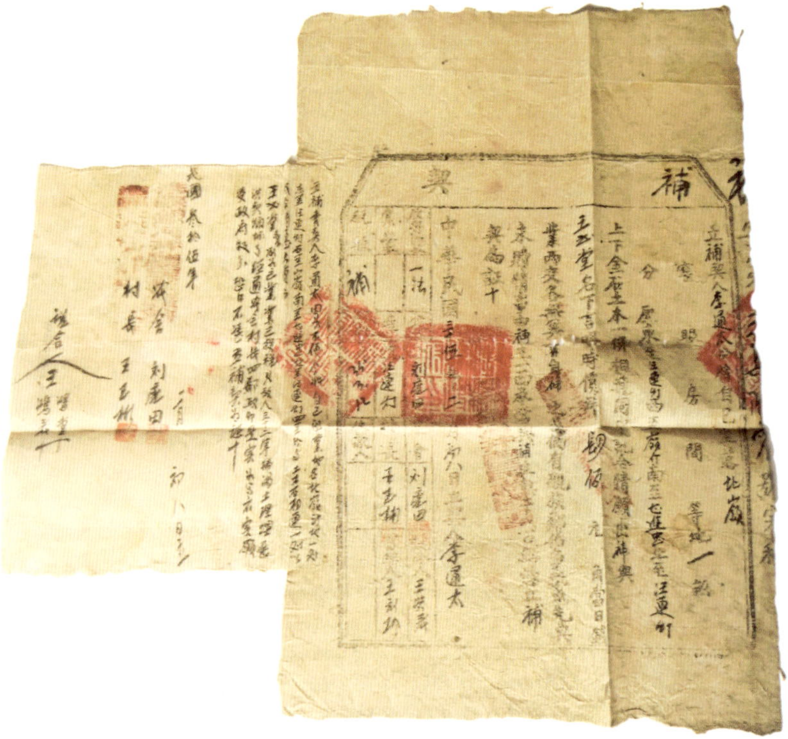

左20厘米 ×24厘米　右28厘米 ×42厘米

图60

不实，愿受政府处分。恐口不凭，立补契为证。（签押）

中华民国三十五年二月初八日立

农　会　刘庞田（章）

村　长　王玉彬（章）

说合人　王鸿堂（签押）　王鸿表（签押）

30. 民国三十五年（1946年）河南省涉县神头村程扁补契（图61）

立补契人程扁今有自己祖业庄宅西楼三间，北瓦房六间，其宅东至程金亭，西至鸿金成，南至程金亭，北至街，四至明白，水流行道依旧往来。因民国卅二年四月间被敌人扫荡，将衣服、家具予（与）红契文约一概烧完。今经过村长、农会盖章，四邻证明属实，而应按时价洋陆仟伍佰元。

上带原粮式升止。恐后不凭，立补契为证。（签押）

民国卅伍年正月卅日　立补契人程金亭（签押）

村　　长　申　瑞（章）

农会主任　王　仁（章）

四邻证明人　鸿金成（手印）

程光祖（手印）

王振华（章）

王恩华（手印）

31. 民国三十五年（1946年）河南省涉县原曲村姚壮光补契（图62）

立补契人姚壮光因自己祖业苇池地叁分壹地：东至姚弌元，西至姚鹅，南至姚建忠，北至秦显武，四至明白，土木相连，水流行道依旧往来，业前已税过。因民国卅二年四月间敌人扫荡，将原契损失，合时价洋弌仟元。今由村长、农会、四邻负责证明作保补契，如有不实，愿受政府处分。恐后无凭，立此

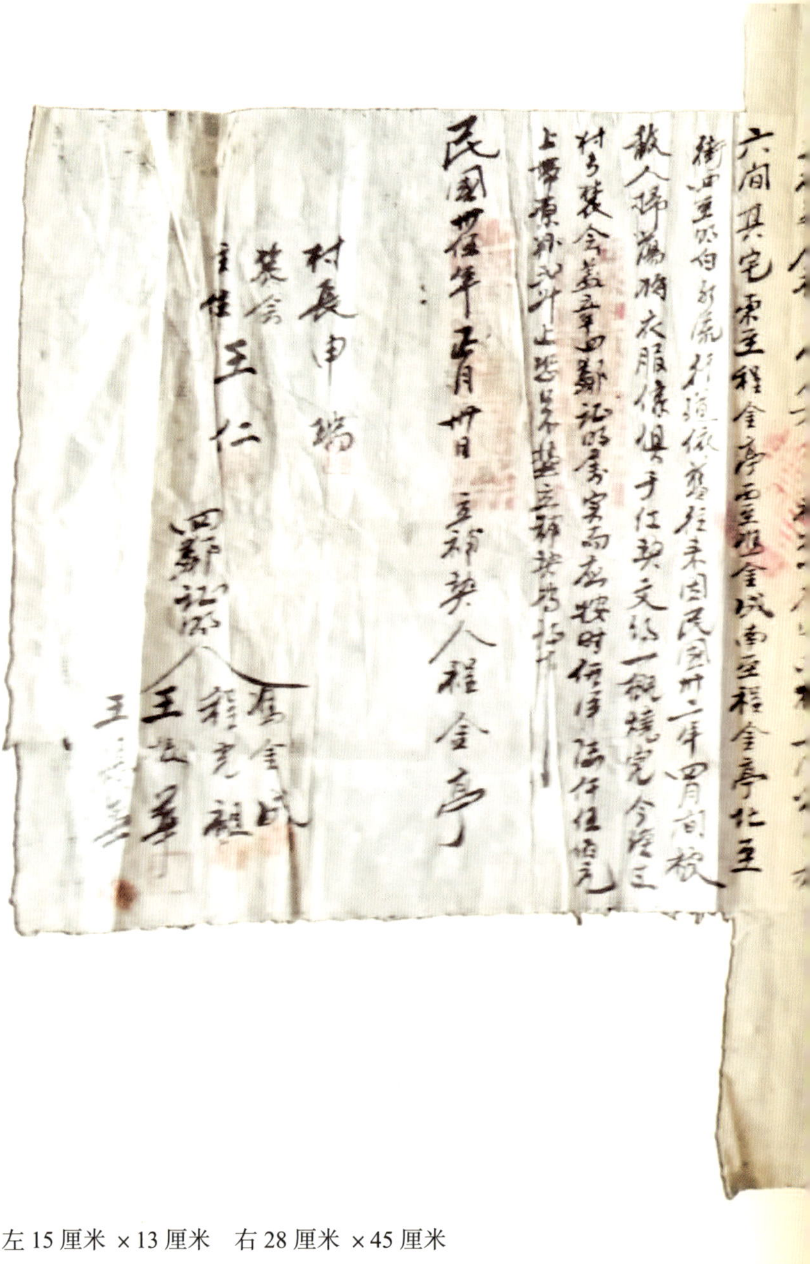

左 15 厘米 ×13 厘米　右 28 厘米 ×45 厘米

图 61

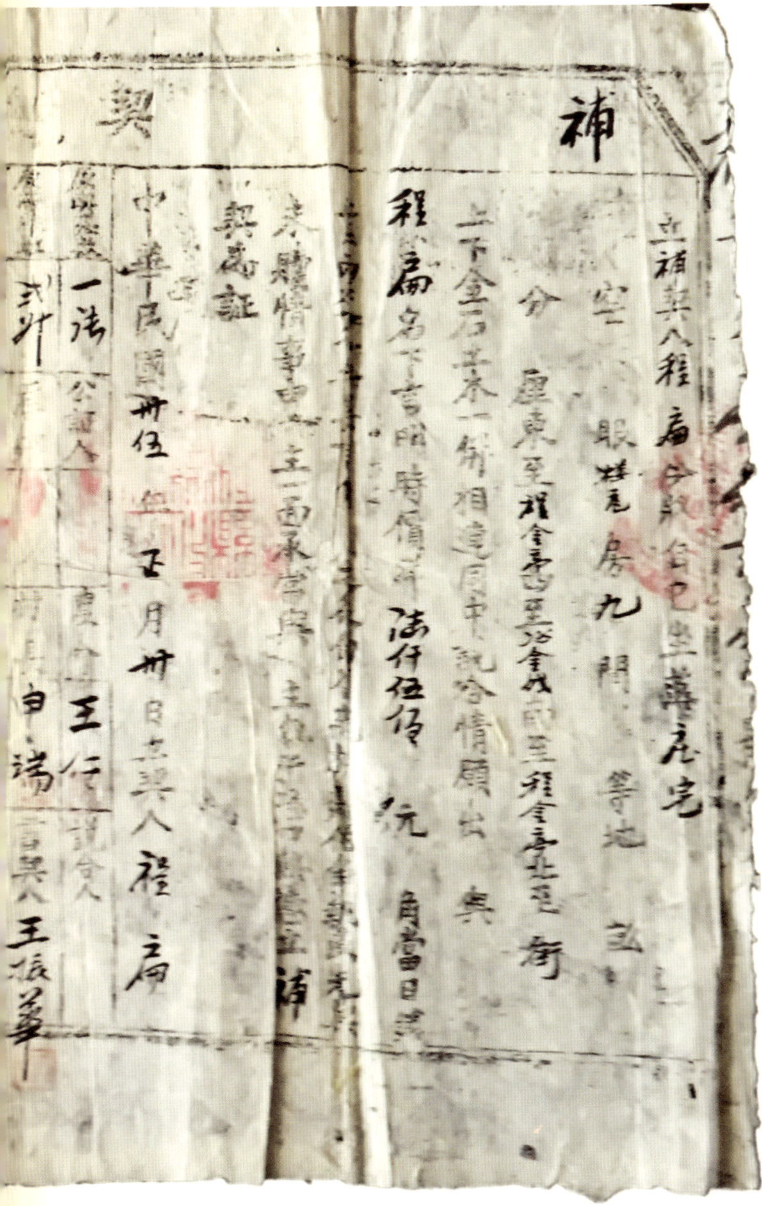

補 契

立補契人程扁……宅

空……眼楼房九間……等地

分……屋東至程金亭 西至程金成 南至程金亭 北至 街

上下金石土木一并相連同中說合情願出 典

程扁名下言明時價洋 法仟伍佰 元 自當日……

……未贖情事由立一面承當……立此補

契為証

中華民國卅伍年 五月卅日 立契人 程扁

一法 公證人 王仁 說合人 白瑞 立書契人 王振華

四、因日军侵略失去的房地契“补契”

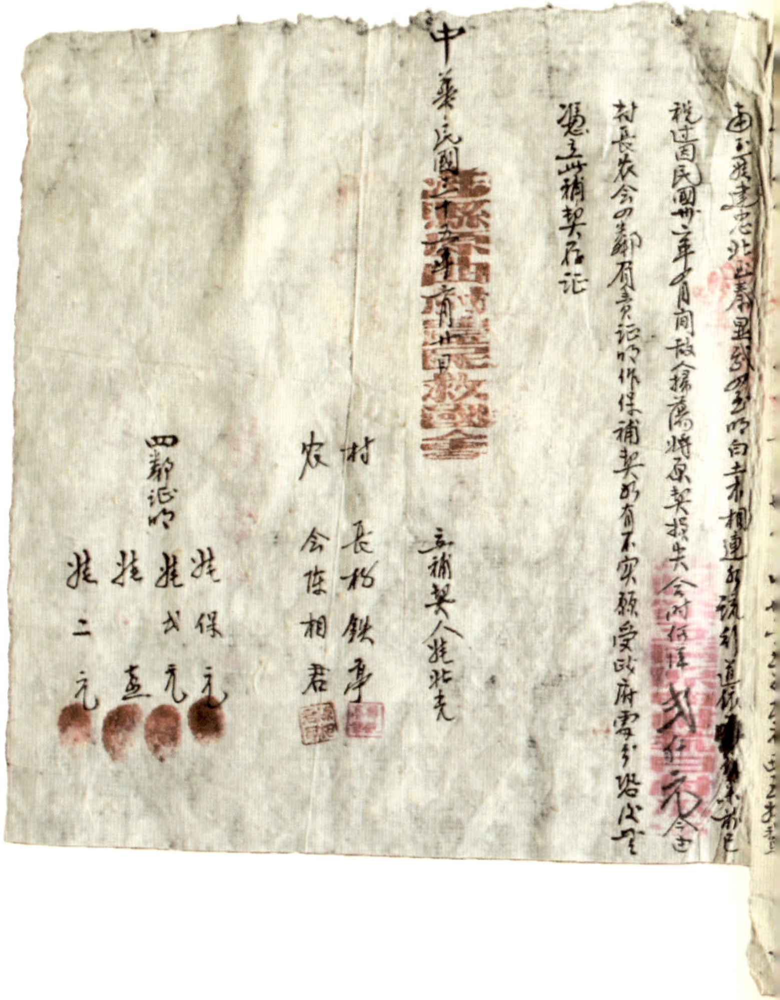

左 27 厘米 ×27 厘米　右 26 厘米 ×36 厘米
图 62

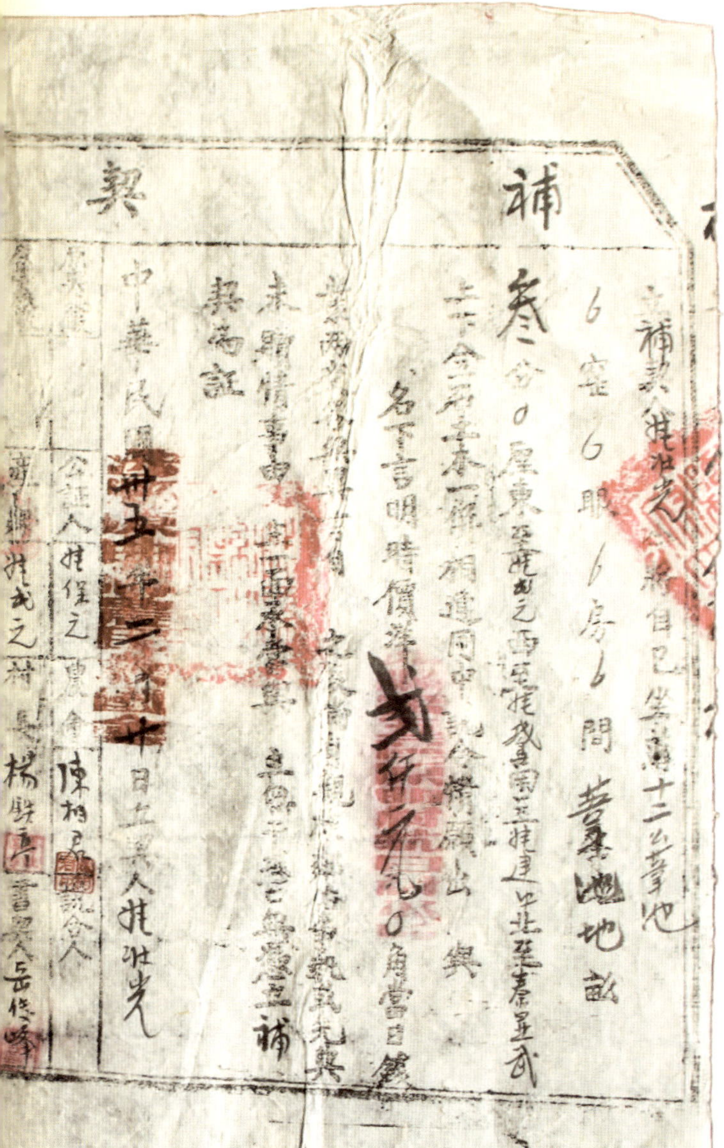
補契
中華民國卅五年二月十日立契人姚壯光

补契存证。

中华民国三十五年二月廿日

立补契人姚壮光

村　　长　杨铁亭

农　　会　陈相君

姚保元

姚弌元

四邻证明　姚　焘

姚二元

32. 民国三十三年（1944 年）河南省涉县石门村赵所成补契（图 63）

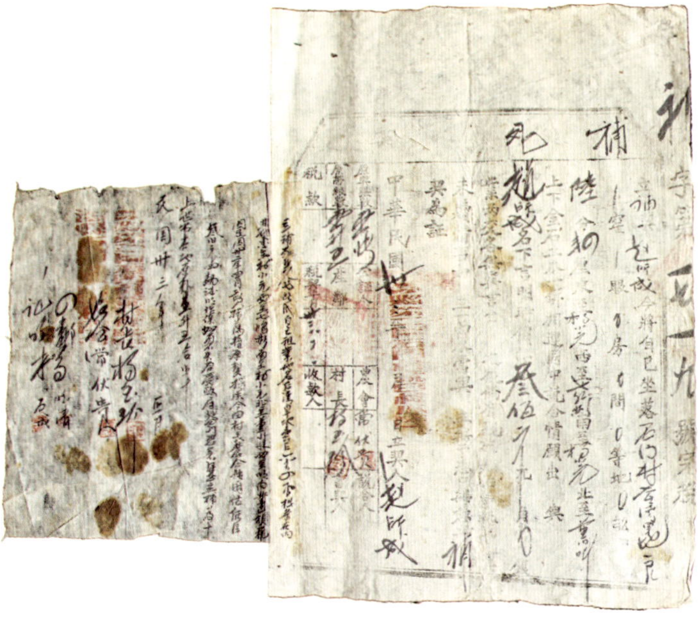

左 20 厘米 ×23 厘米　右 27 厘米 ×37 厘米

图 63

立补契人赵所成自己祖业地名后湾旱地一段一分四厘，根条在内，其地东至杨小元，西至赵鸣彬，南至杨小元，北至董小廷，四至明白，业已投税。因民国卅二年四月敌人扫荡，将原契损失。今由村长、农会按时估价，洋叁佰元，四邻证明作保，如有不失（实），愿受政府处罚。空口不凭，立补契为（证）。（签押）

上世吊（私调）本地原粮五升五合止（签押）

民国卅三年正月

村　　长　杨玉珍

农　　会　常伏贵

四邻证明　杨德清

杨石成

33. 民国三十五年（1946年）河南省涉县响堂铺村杨文会补契（图64）

立补契人杨文会，今将自己祖业地名顿脑计地陆段五分，红契文约于民国卅二年四月敌人大进攻将文约烧去。其（东）至张黄毛，西至德顺，南至张天昌，北至张天昌，四至明白。协同村长、农会证明确系自业，并经政府早已税过，文约特请村长、农会盖章，照章补契为证。（签押）

付价洋壹仟元

后批本地粮照契止

村　长　张福全（章）

同

农　会　冯德北（章）

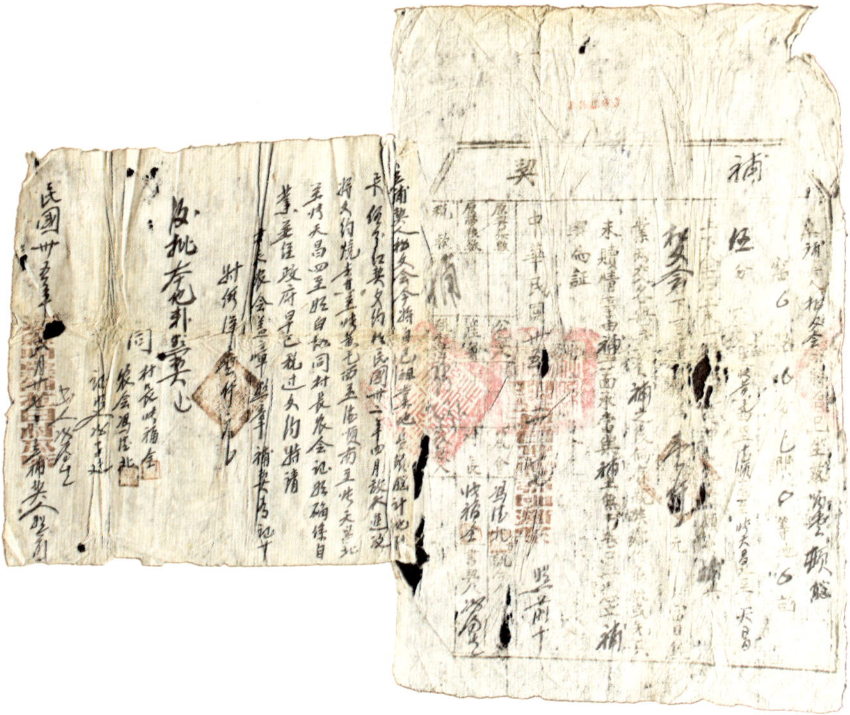

左 24 厘米 × 24 厘米　右 25 厘米 × 38 厘米

图 64

证明人　冯学廷

书　人　冯属生

民国卅十五年弍月廿七日　立补契人姓前

34. 民国三十二年（1943 年）河南省涉县石泊村张步弦补契（图 65）

立补契人张步弦，今补自己坐落赵家坟地一处弍亩，东至路，西至岭，南至凸下至王的氏，四至明白，土木石相连，于民国三十二年五月被敌人扫荡时，将投税原红契一张失落。今

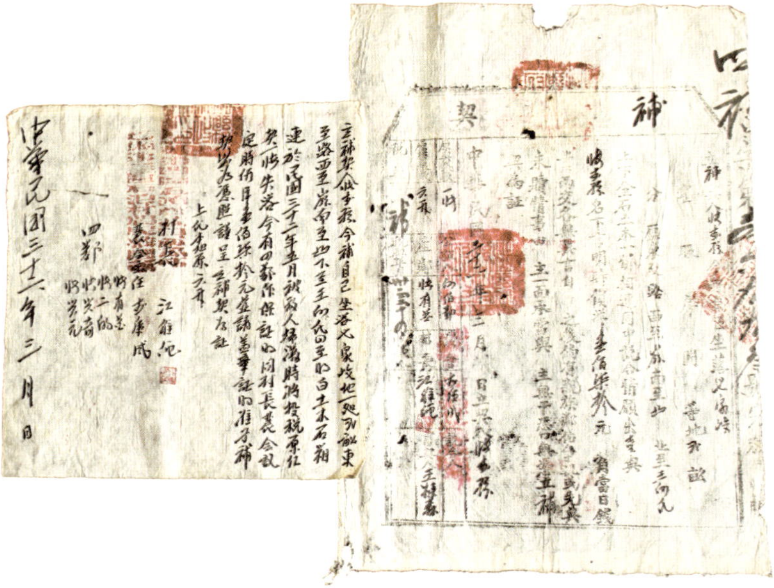

左 26 厘米 ×26 厘米　右 28 厘米 ×37 厘米

图 65

有四邻作保证明，同村长、农会议定，时价洋壹佰柒拾元，并请盖章证明，准予补契，以为凭照。谨呈立补契为证。

上代（带）原（粮）六升

村　　长　江维纯（章）

农会主任　李系成

四　　邻　张有并（手印）

张二的（手印）

张兴奇（手印）

张兴元（手印）

中华民国三十二年三月　日

此补契草契和官契“补契”的落款时间均为民国三十二年三月，而草契中敌人扫荡的时间却为民国三十二年五月，这应为笔误。本人以为敌人扫荡时间以民国三十一年五月可能性较大。

35. 民国二十九年（1940 年）河南省偏城县宇庄村田金全补契（图 66）

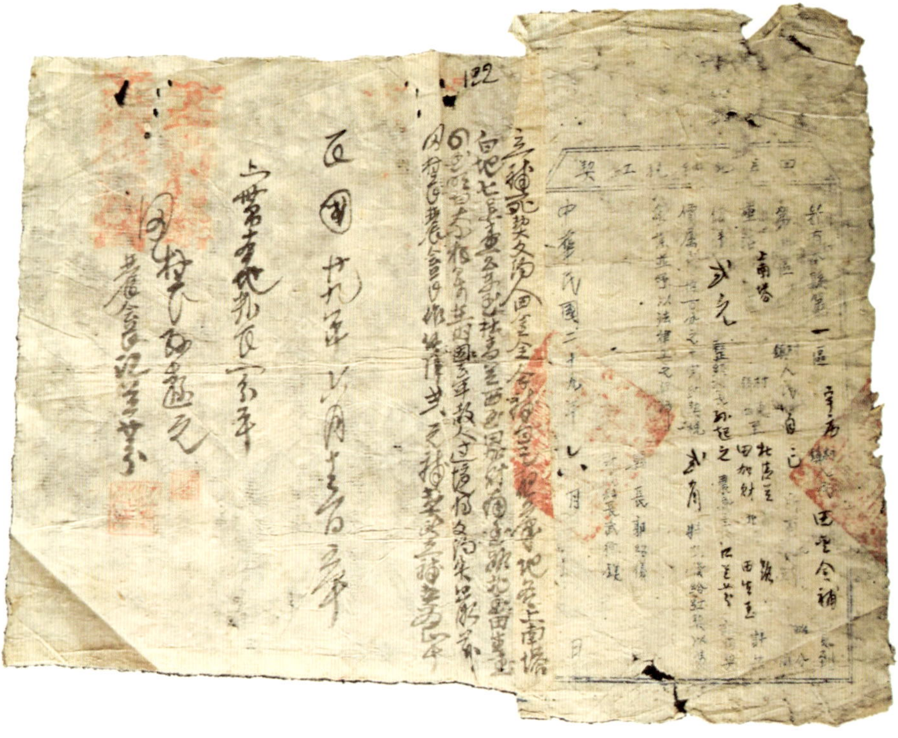

左 21 厘米 ×24 厘米　右 15 厘米 ×27 厘米

图 66

立补死契文约人田金全，今补自己祖业地名上南塔白地七段壹亩，东至杜青兰，西至田加财，南至路，北至田生惠，四至明白，大小根条在内。因去年敌人过境将文约失落。兹同村长、农会长作价洋弍元补契。所立补契为证。（签押）

民国廿九年六月十三日立（签押）

上带本地粮一合一分二（签押）

村　长　孙趣元（章）

同

农会长　江兰芬（章）

36. 民国三十一年（1942 年）河南省偏城县宇庄村樊鸿韫补契（图 67）

立补死契人樊鸿韫，今补到自己祖业谷凸上荒地一处，今开四至：东至樊澧，西至樊润，南至路，北至周小泰。四至分明，大小根条一切在内，因本年敌寇扫荡将约烧毁。今同村长、农会照章补契，按时作价洋五元。恐后无凭，立补死契为证。（签押）

民国卅一年十二月廿日　立契人（签押）

村　　长　杨　贵

同　农　　会　牛立功

财政主任　王润身

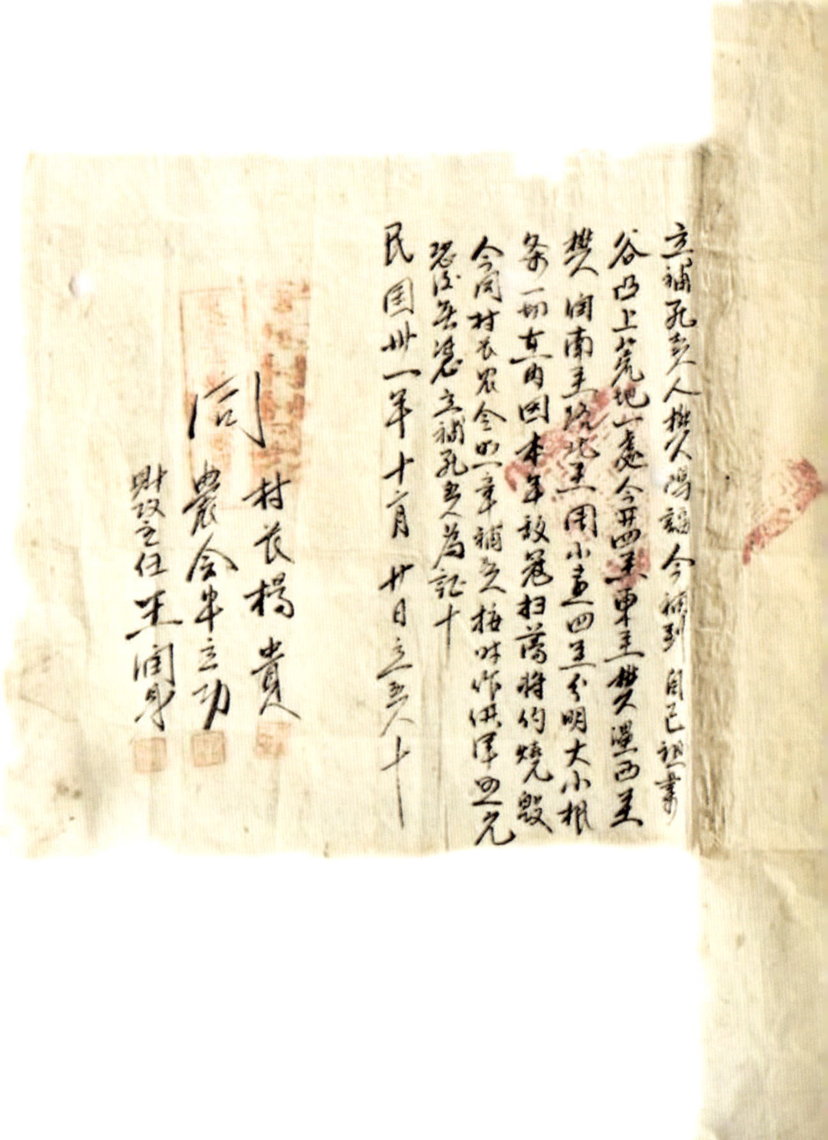

左 24 厘米 ×24 厘米　右 30 厘米 ×39 厘米

图 67

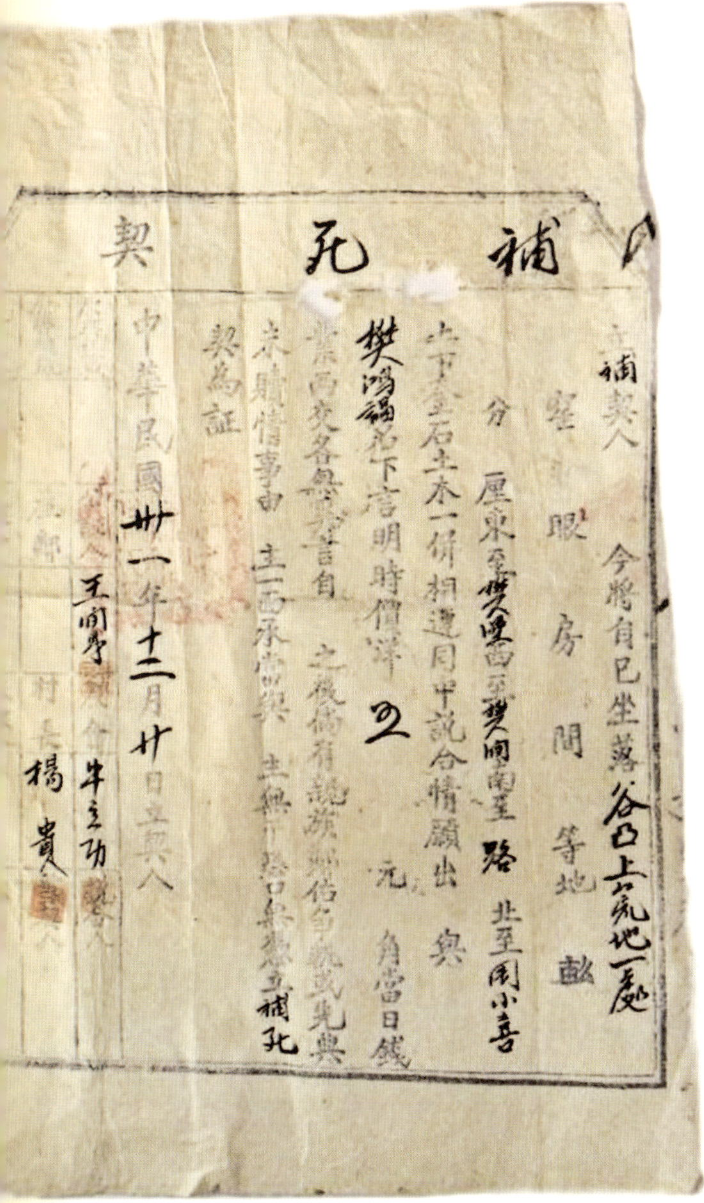

補死契

立補契人　今將自己坐落谷凸上山坑地一處
窰　眼　房　間　等地　畝
分　屋東至樊顯西至樊閣南至路　北至周小喜
□下金石土木一併相連同中說合情願出　典
樊鴻福名下言明時價洋　2　元　角當日錢
業兩交各無異言自　之後倘有親族鄰佑爭執或先典
來贖情事由　主一面承當與　主無干恐口無憑立補死
契為証

中華民國卅一年十二月廿日立典人
王湖季
牛立功
村長　楊貴

四、因日军侵略失去的房地契"补契"

37. 民国三十六年（1947 年）河北省高邑县河头村柳有堂补契（图 68）

立补契人柳有堂今因民国廿六年将自己坐落河村庄窠一所，东至柳乱，西至柳建梅，南至道，北至柳乱之文契被事变外出失掉。已经村长、农会主任吴增银、吴增彦从中证明，确为自己产业无误，恐日后无以为凭，特立此补契为证。

东　　　柳　乱（手印）

西　至　柳建梅（手印）

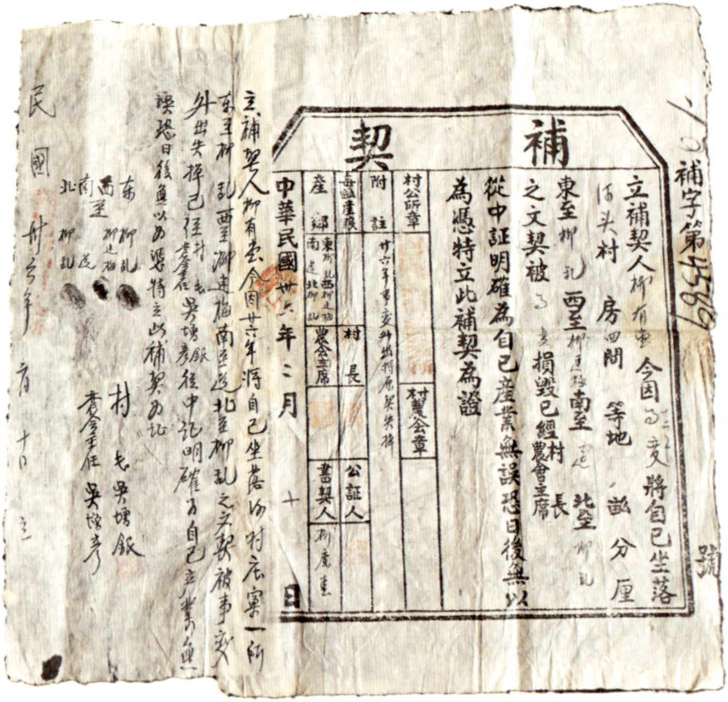

左 14 厘米 ×34 厘米　右 24 厘米 ×35 厘米

图 68

南　　道

北　　柳　乱（手印）

村　　长　吴增银（章）

农会主任　吴增彦

中华民国卅六年二月　十　日　立

38. 民国三十二年（1943年）河北省磁武县花六村赵兰俊补契（图69）

立补契人赵兰俊，自己祖业于民国三十一年正月初五日敌人进攻扫荡，把祖约遗失。其房二间，东至赵来住，西至赵景国，南至老成，北至赵殿明，伙门伙院，门外白地东西润八尺，东至东房前角为界，门外东中斯在伙。今同人说合，情愿出卖于赵兰俊名下承为死业，言明价值大洋四十元，当日交足不欠，金食（石）画字一切在内，两家情愿，各无香回（相违）。恐口不凭，立捕（补）契为证。

批为价洋壹百伍拾元报税　24/5（签章：第二科）

中华（民国）三十二年三月廿七日　立捕（补）契人赵兰俊（签押）

同　人　赵景安

赵九然

赵景有

农会长　赵怀林（章）

村　长　张清祥（章）

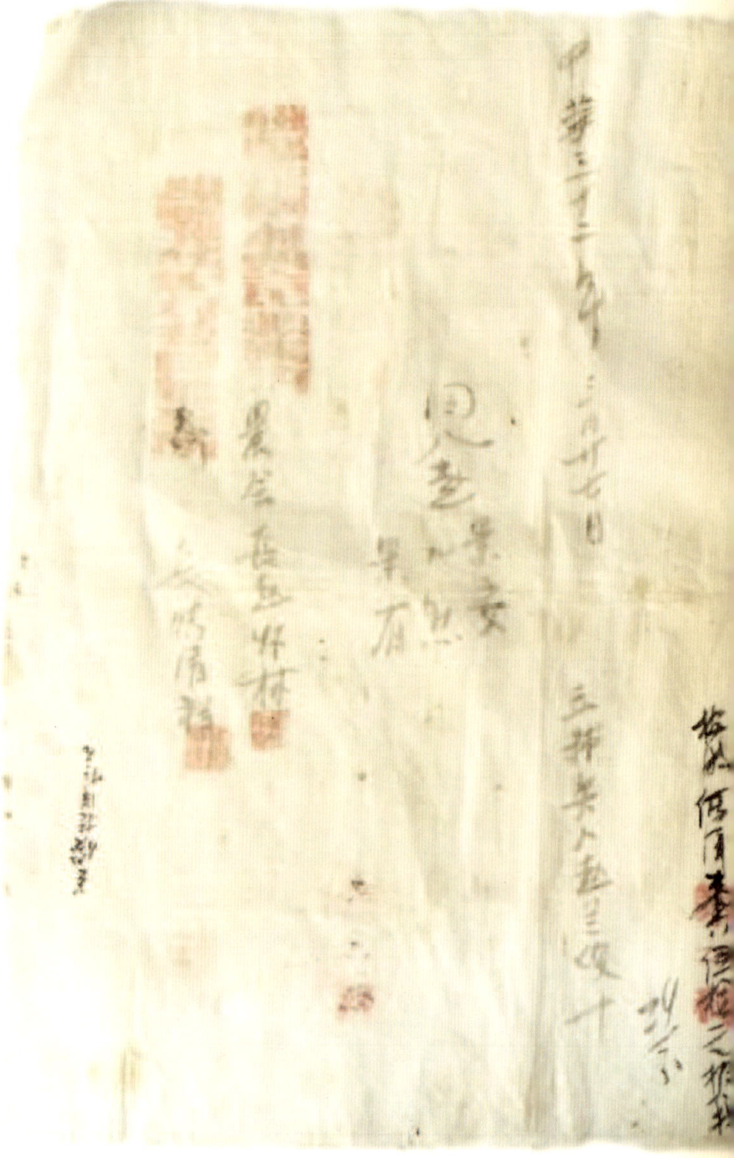

左 35 厘米 ×35 厘米　右 14 厘米 ×35 厘米

图 69

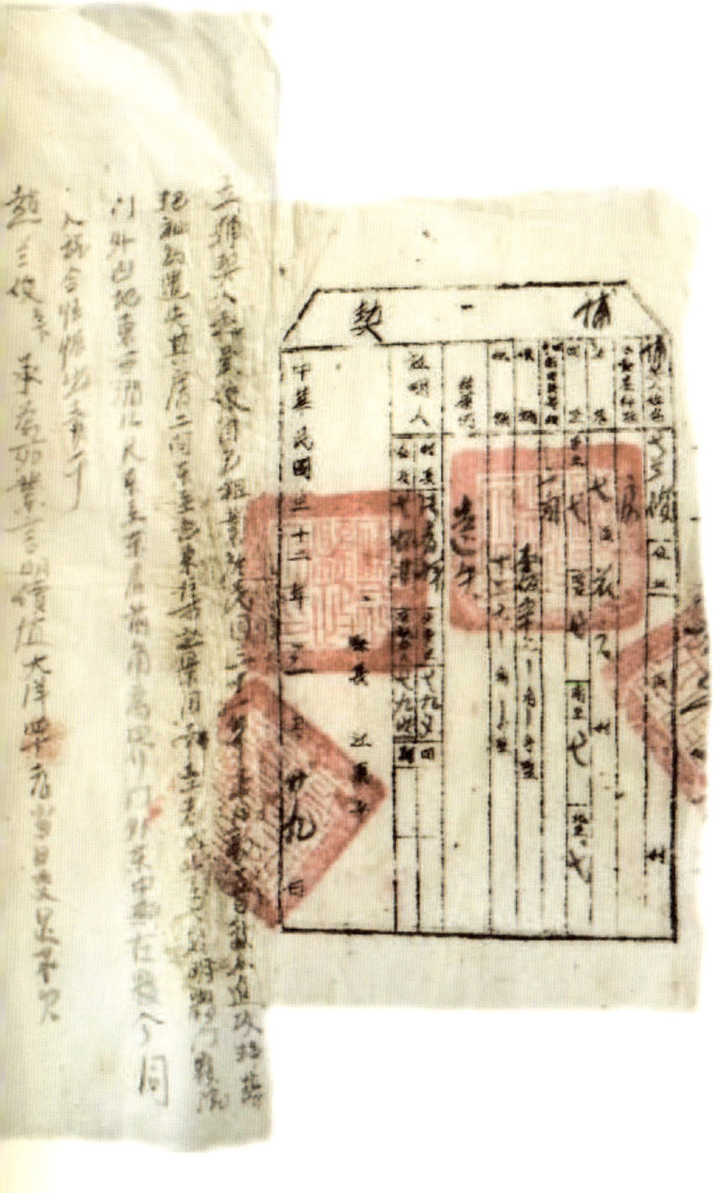

（二）因抗日群众“坚壁清野”失去的房地契补契

针对日本侵略者的暴行，中国人民在和他们顽强战斗的同时，还和敌人斗智斗勇。坚壁清野（或称“空壁清野”），就是抗日群众对付日寇“扫荡”的一种很好办法。他们把家里的财物和田里的农产品藏起来，把战地附近的房屋清空，把树木等毁掉，使敌人到来后什么也得不到，什么也利用不上。

1. 民国三十二年（1943 年）河南省涉县三合村张德明补契（图 70）

立补买契人张德明，今将自己祖遗产有小拐地一段壹分六厘，其地东至户下地，西至张中楼，南至庙地，北至路，四至以明，土木箱莲（相连），水流行道依旧往来。同村长、农会主任议定时价洋拾五元。于民国卅壹年四月初六敌人进攻涉县，空室清野，将红契影被（隐蔽）本宅根基里，又被鼠扯咬，永无踪影。将红契早以（已）税过，损失无存。恐口不（凭），立补买契为证。

证明人　张夫来（手印）

张致成（手印）

张风如（章）

民国三十二年正（月）十三日　立补买契人张德明

上带本地原粮五勺

村　　长　王克让（章）

农会主任　张致裕（章）

2. 民国三十一年（1942 年）河南省偏城县宇庄村汤补成补契（图 71）

立补死契人汤补成，因为空室清野今将文约失落，今补场一段弍分。今开四至：东至安振全，西至安宗英，南至樊英，北至路，四至开明，大小根条一切在内，水流行道依旧往来。今同村长、农会照章补契，按时作价洋弍拾元。恐口不凭，立字为政（证）。（签押）

民国卅一年十二月廿四日　　立补死契人汤补成

后批水交（窖）一个窑一同

村　长　杨　贵（章）

同　农　会　牛立功（章）

财　政　王润身（章）

3. 民国三十二年（1943 年）河南省偏城县宇庄村王仁虎补契（图 72）

立补死契人王仁虎今补到杏街地一段四亩二分，今开四至：东至王春芳，西至路，南至梁怀议，北至杜玉主，四至明白，大小根条在内，水流行道依旧往来，各照旧界。因空室清野，将自己文约被雨栏（烂）坏。今同村长、农会按时作价洋壹百元。恐口不凭，立补（契）为证。（签押）

民国卅二年一月二十日　立

村　　长　杨　贵（章）

证明人　　农　　会　牛立功（章）

财政主任　王润身（章）

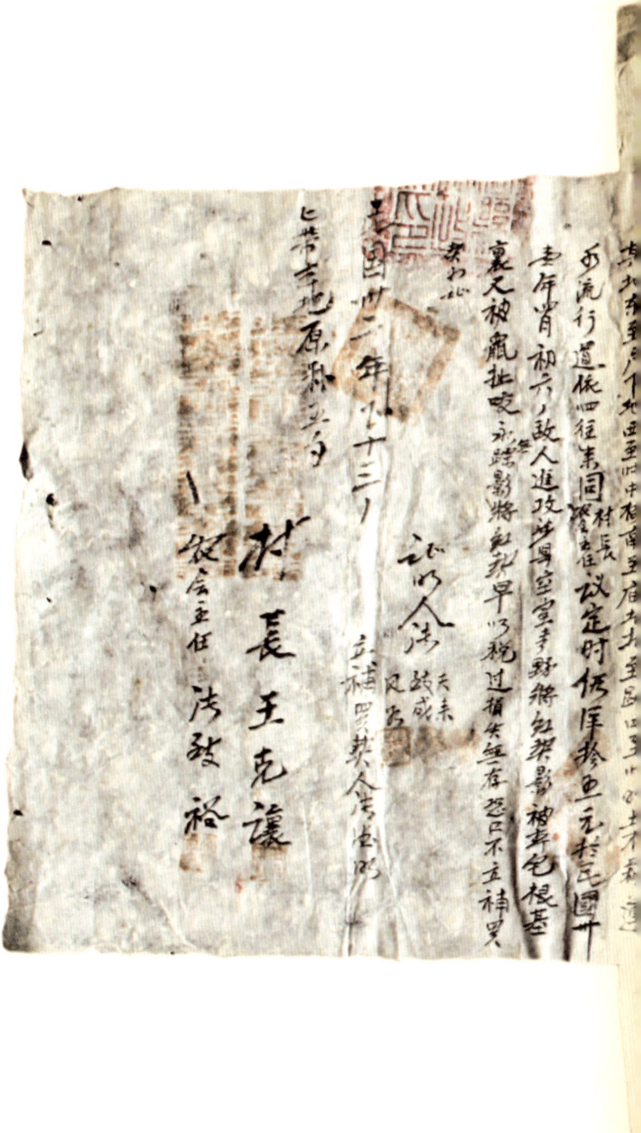

左 24 厘米 ×26 厘米　右 27 厘米 ×37 厘米

图 70

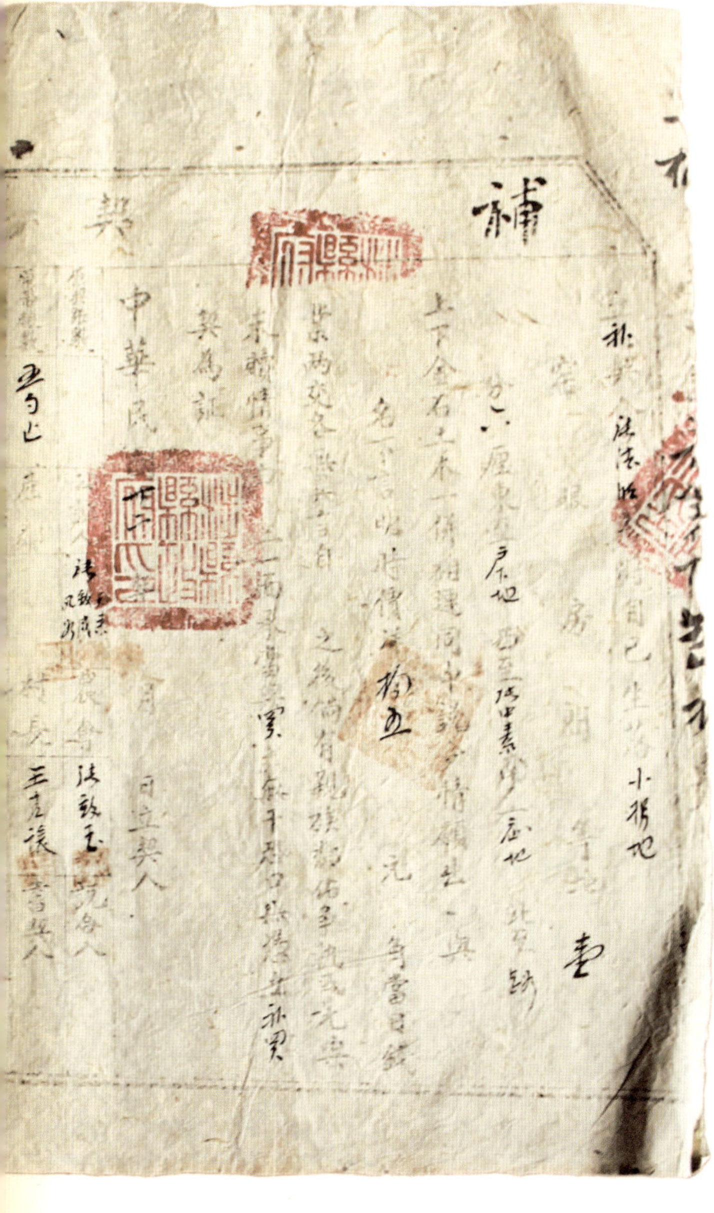

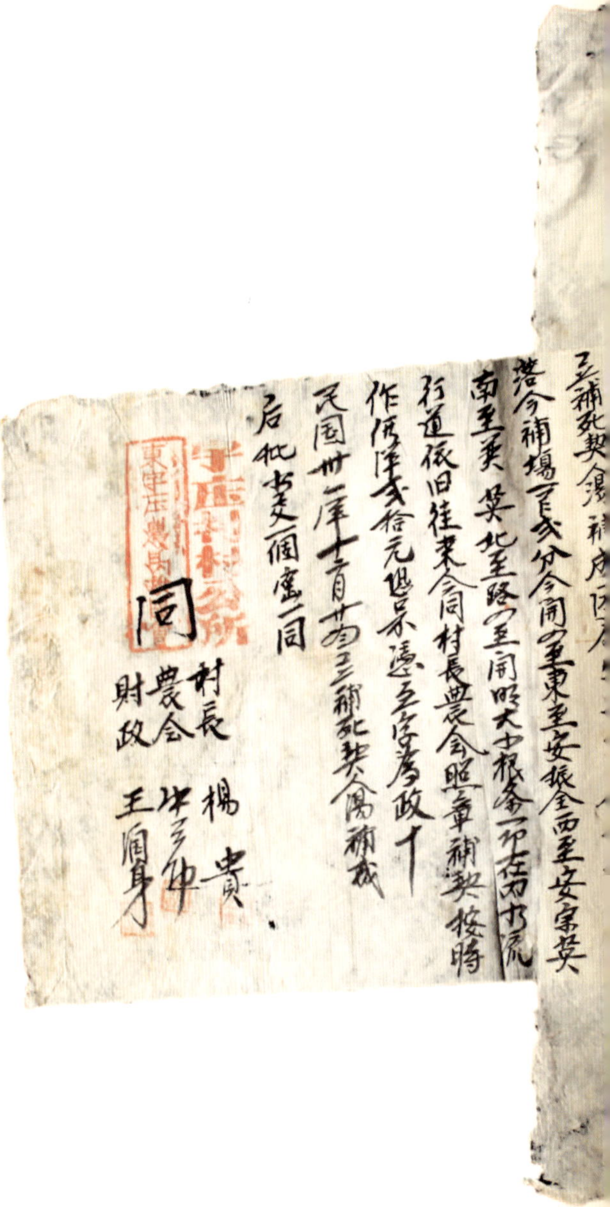

左 23 厘米 ×21 厘米　右 29 厘米 ×42 厘米

图 71

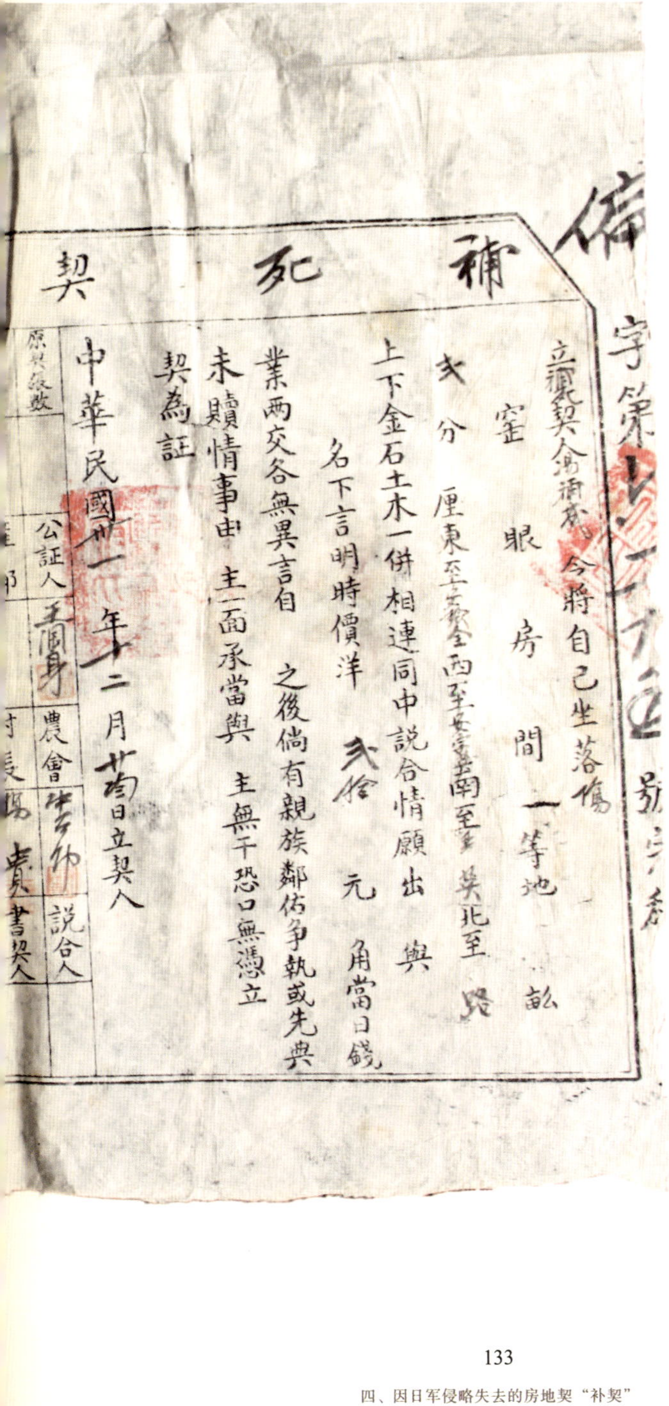

補死契

立補死契人[illegible]今將自己坐落[illegible]
窪　眼　房　間　一等地　畝
弍　分　厘　東至[illegible]西至[illegible]南至[illegible]北至　路
上下金石土木一併相連同中說合情願出　與
名下言明時價洋　弍拾　元　角　當日錢
業兩交各無異言自　之後倘有親族鄰佑爭執或先典
未贖情事由　主一面承當與　主無干恐口無憑立
契為証
中華民國卅一年十二月廿四日立契人

原契張數
公証人
農會
說合人
書契人

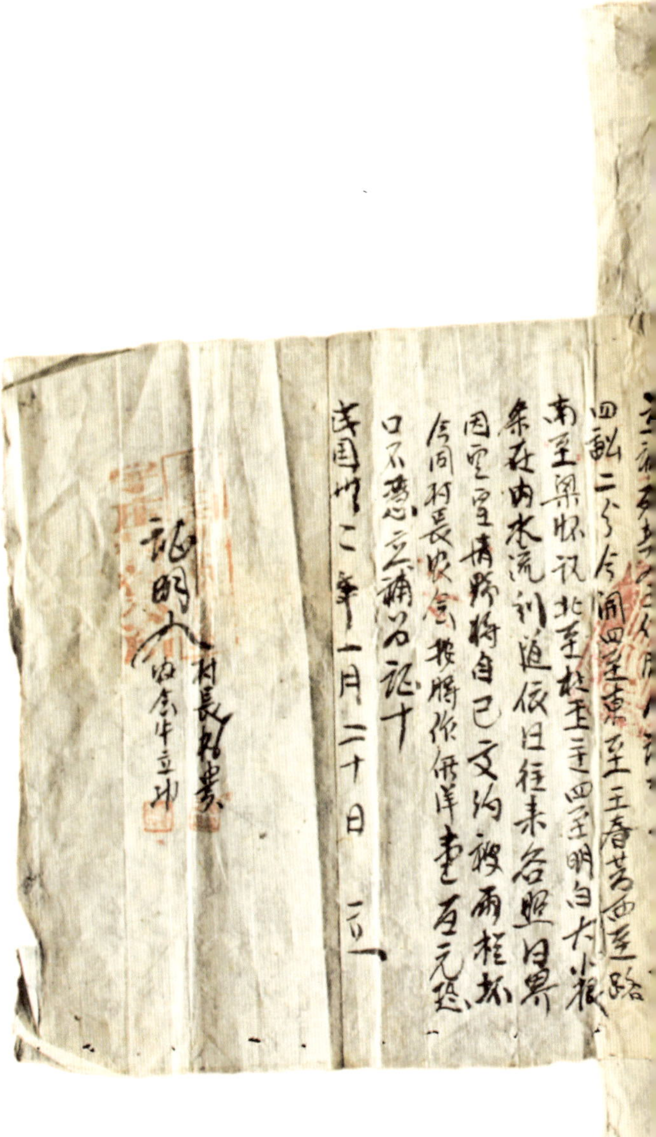

左 25 厘米 ×26 厘米　右 29 厘米 ×42 厘米

图 72

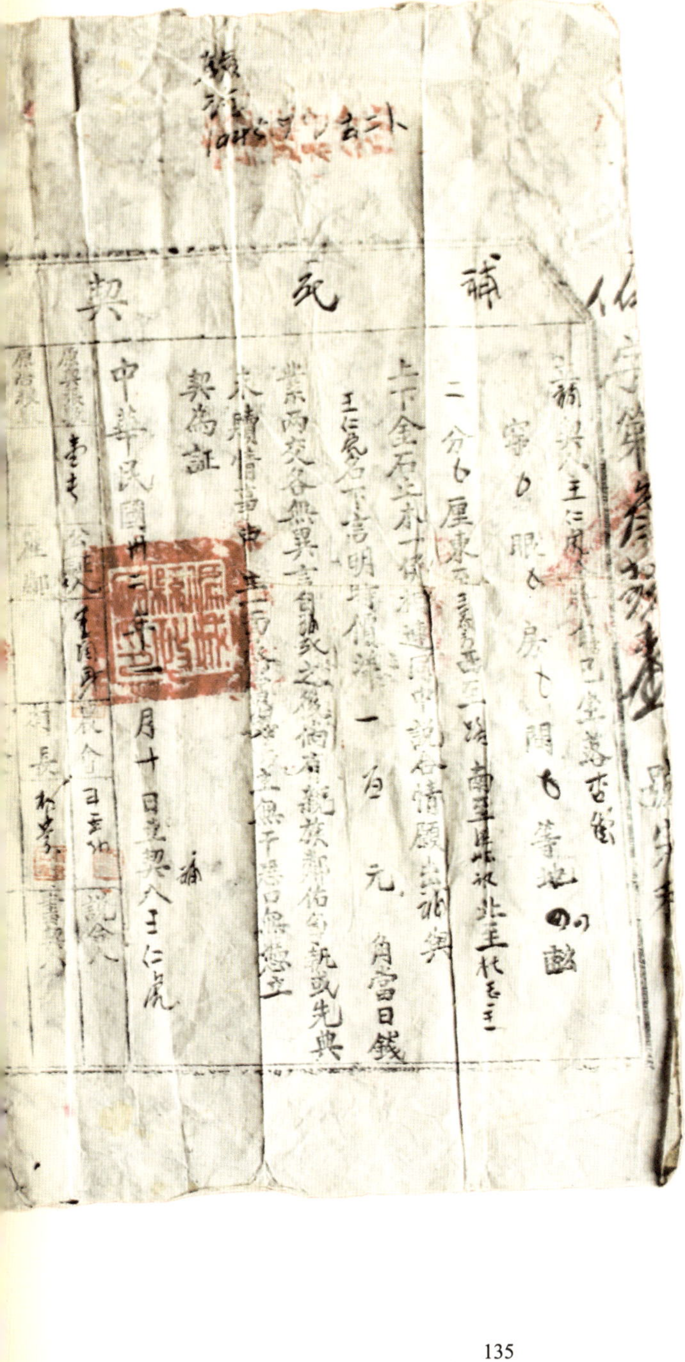

四、因日军侵略失去的房地契"补契"

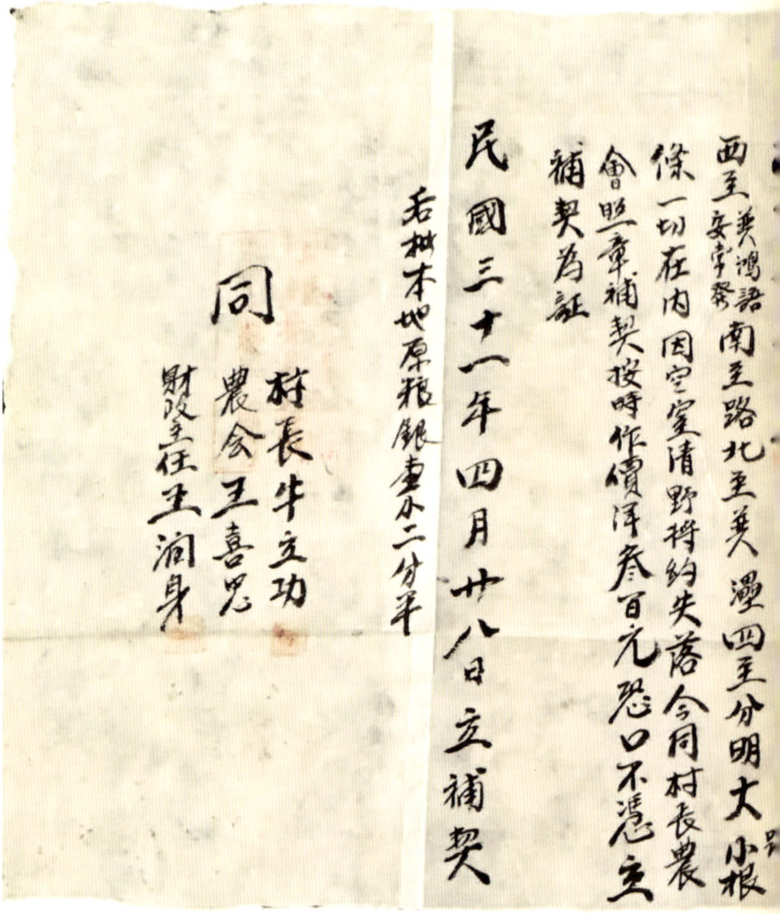

西至吴鸿語 安守發 南至路北至吴灃 四至分明大小根
係一切在内 因空室清野将约失落今同村長農
會照章補契按時作價洋叁百元恐口不憑立
補契為証

民國三十一年四月廿八日立補契

舌树本地原粮銀壹[illegible]二分半

同

村長牛立功
農会王喜思
財政主任王潤身

左 27 厘米 ×27 厘米　右 28 厘米 ×35 厘米

图 73

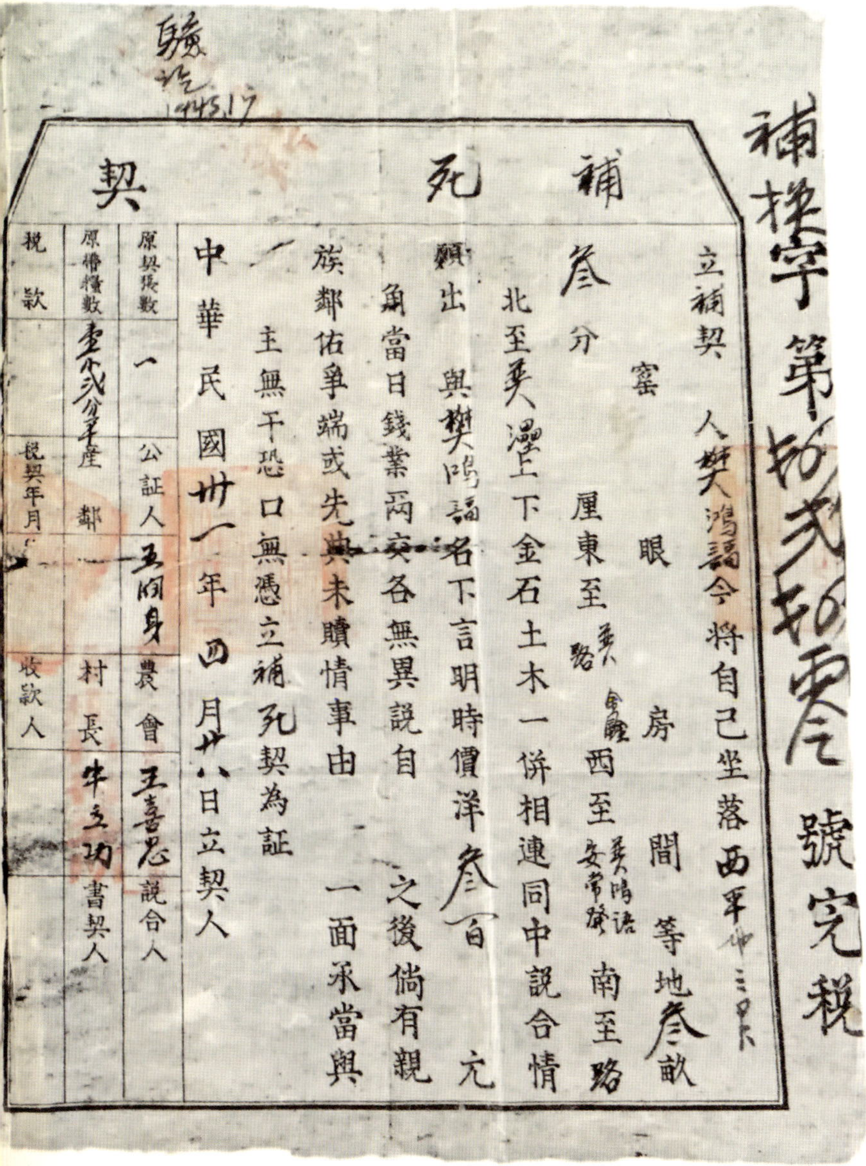

補樸字第[illegible]號完稅

補死契

立補契人樊鴻謡今將自己坐落西平[illegible]

窰眼房間等地叁畝

叁分屋東至樊[illegible]路 西至樊鴻謡 安常發 南至路

北至樊[illegible]上下金石土木一併相連同中說合情

願出與樊鴻謡名下言明時價洋叁百元

角當日錢業兩交各無異說自之後倘有親

族鄰佑爭端或先典未贖情事由一面承當與

一主無干恐口無憑立補死契為証

中華民國卅一年四月廿八日立契人

原契張數 一	原帶糧數 [illegible]	稅款
公証人 [illegible]	鄰	稅契年月
農會 王喜忠 說合人	村長 牛立功 書契人	收款人

4. 民国三十一年（1942年）河南省偏城县宇庄村樊鸿韫补契（图73）

立补死契人樊鸿韫，今补到自己祖业地名西平白地叁段叁亩叁分，今开四至：东至樊金山、路，西至樊鸿语、安常发，南至路，北至樊灃，四至分明，大小根条一切在内。因空室清野将约失落。今同村长、农会照章补契，按时作价洋叁百元。恐口不凭，立补契为证。

民国三十一年四月廿八日立补契

后批本地原粮银壹小二分二（签押）

同 村 长 牛立功（章）

农 会 王喜忠

财政主任 王润身

（三）因国民政府抗日部队失去的房地契补契

1937年"七七"事变后，我国进入了全民族抗击日本帝国主义侵略的新阶段。中国共产党领导的八路军、新四军深入敌后，建立敌后抗日根据地。国民政府军队开赴前线，在正面战场与日寇作战。这些"补契"从侧面印证了国民政府军队投身抗战的史实，同时也让我们看到了这支部队军纪松弛的现象和在战场常常失利的原因。

1. 民国三十一年（1942年）河南省涉县胡峪村程学信补契（图74）

立补契人程学信，今将自己祖遗产下街口苇地壹分六厘，其地东至陈春元，西至王玉荣，南至程学智，北至贾文科，四

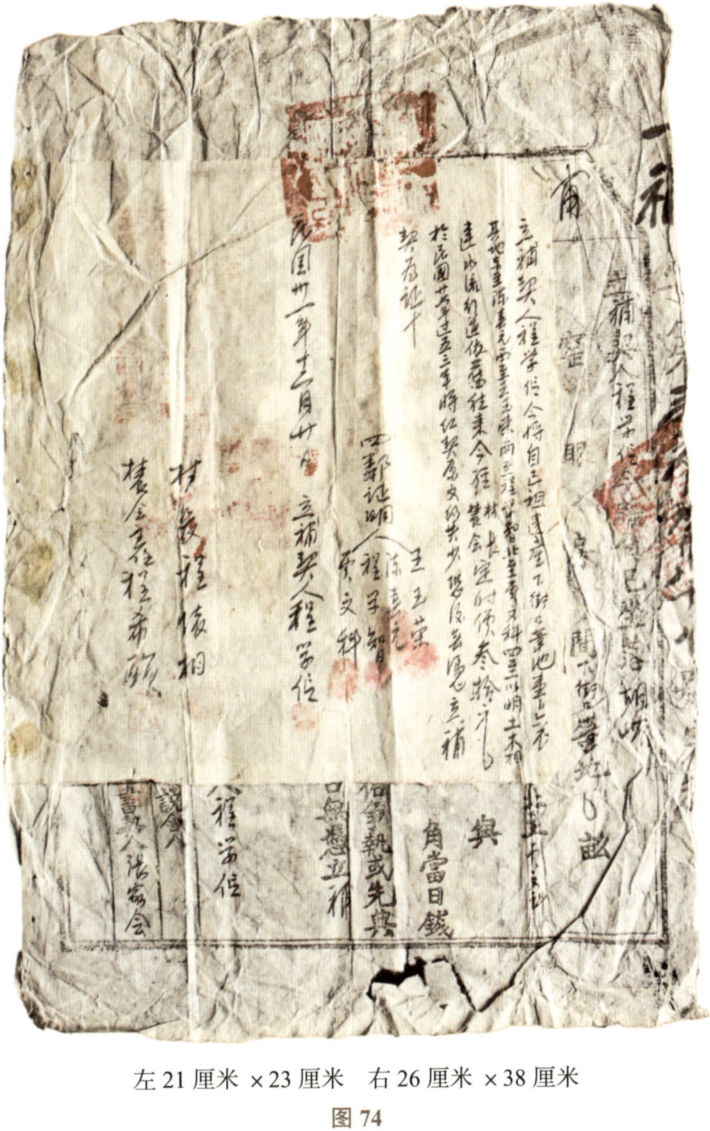

左 21 厘米 ×23 厘米　右 26 厘米 ×38 厘米

图 74

至以（已）明，土木相连，水流行道依旧往来。今经村长、农会定时价叁拾元。于民国廿六年过五三军将红契原文约失少。恐后无凭，立补契为证。（签押）

同四邻证明人　王玉荣（手印）

陈春元（手印）

程学智（手印）

贾文科（手印）

民国卅一年十二月廿日　立补契人程永信

村长　程怀相（章）

农会　程希颐（章）

五十三军：即国民革命军第五十三军。该军前身是东北军一部。抗日战争全面爆发后，该军归第1战区指挥，参加平汉路北段抗战，阻击日军南下。1938年初，该军奉命撤至晋城、高平、陵川一带，暂归八路军朱德总司令指挥，在晋东南与日军打游击。后奉命东渡黄河进至豫中，归第1集团军指挥。

2. 民国三十三年（1944年）河南省涉县前岩村赵作彬补契（图75）

立补契文约人赵作彬今有自己祖业庄房壹座，共式拾四间，洞叁条，原有红契壹张在家柜内放着，不料于民国廿六年十月十五日开来五十三军驻在家里，翻箱倒柜拿去许多东西，将红契文约带去，无处可寻。经四邻证明是实，其庄东至本主，西至赵作金，南至赵薛氏，北至王守库，四至明白，上下土木石砖尾相连，水流行道依旧往来。按时作价八仟元。空口难凭，

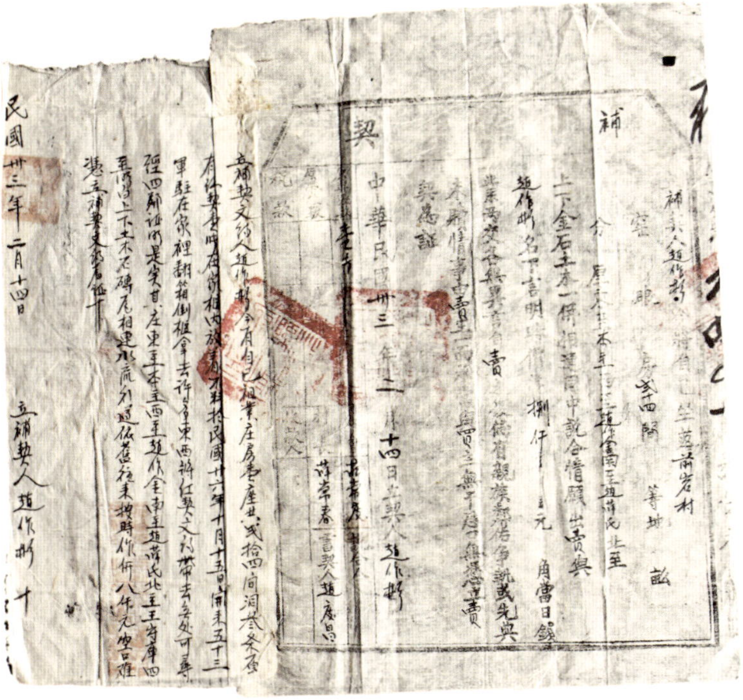

左 15 厘米 ×33 厘米　右 27 厘米 ×36 厘米

图 75

立补契文约为证。（签押）

民国卅三年二月十四日　立补契人赵作彬（签押）

农会主任　薛常庆（章）

前岩村长　薛常春（章）

四邻证明人　赵作金（手印）

赵薛氏（手印）

赵作祥（手印）

王守库（手印）

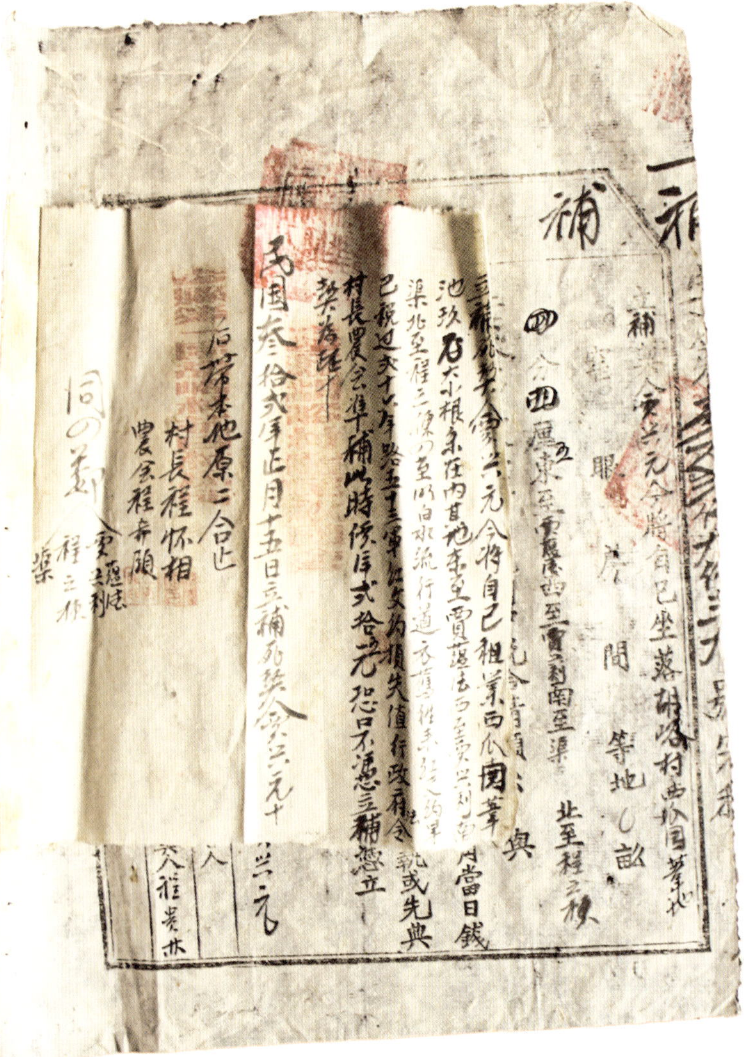

左 21 厘米 ×24 厘米　右 29 厘米 ×38 厘米

图 76

3. 民国三十二年（1943 年）河南省涉县胡峪村贾兴元补契（图 76）

立补死契人贾兴元今将祖业西瓜园苇池玖厘，大小根条在内，其地东至贾蕴德，西至贾兴利，南至渠，北至程之栋。四至明白，水流行道衣（依）旧往来，红文约早已税过。弍十六年路（遇）五十三军红文约损失。值行政府法令，村长、农会准补，此时价洋弍拾五元。恐口不凭，立补契为证。（签押）

民国叁十弍年正月十五日　立补死契人贾兴元（签押）

后带本地原（粮）二合止

村　　长　程怀相（章）

农　　会　程希颐（章）

同四邻人　贾蕴德

贾兴利

程之栋

渠

4. 民国三十五年（1946 年）河南省林县江家村潘堂的补契（图 77）

立补契人潘堂的，因为祖业庄房八间，其业东至潘洪旺，西至（此处破损），南至刘老二，北至潘德林，门路通街，水流旧道以故往来，四至开明，原照旧界，言明时价洋壹仟元，此约前经政府税过，被民国廿七年五月廿六日避过五十三军，藏避窑洞鼠咬破坏，现有烂文约。今同村长、农会主任及四邻等证，呈请政府原补契业（约）。恐口不凭，立补契为证。

民国三十五年二月初五日　立补契人潘堂的（签押）

同　人　村　　长　江辰积（章）
　　　　农会主任　江培德（章）
　　　　证　　明　潘德林　潘正春
　　　　代 笔 人　潘老三

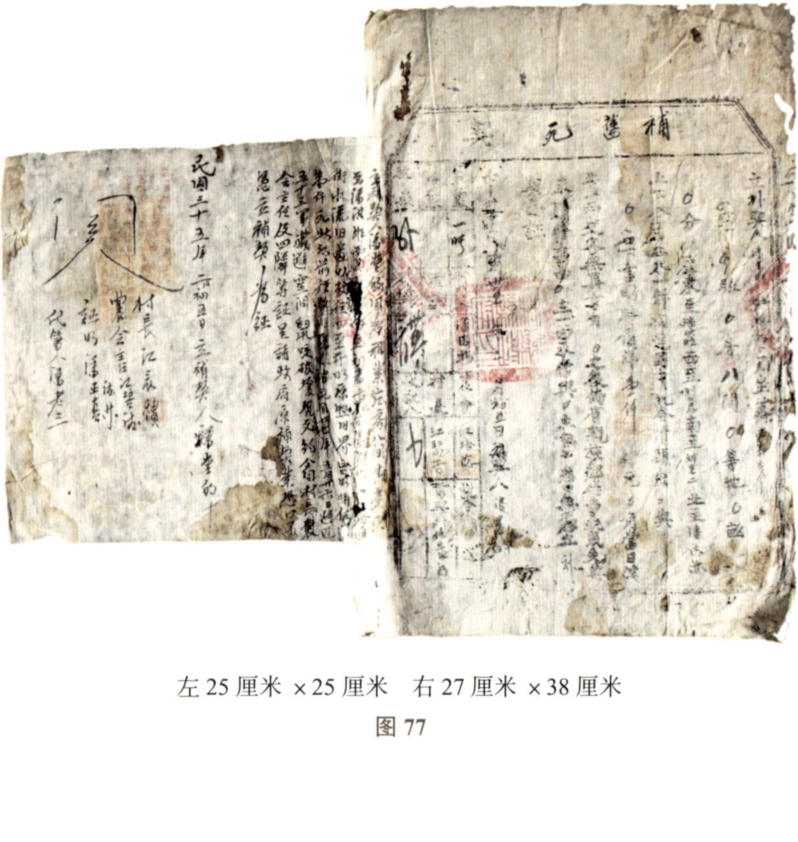

左 25 厘米 ×25 厘米　右 27 厘米 ×38 厘米

图 77

5. 民国三十一年（1942 年）河南省涉县胡峪村程永然补契（图 78）

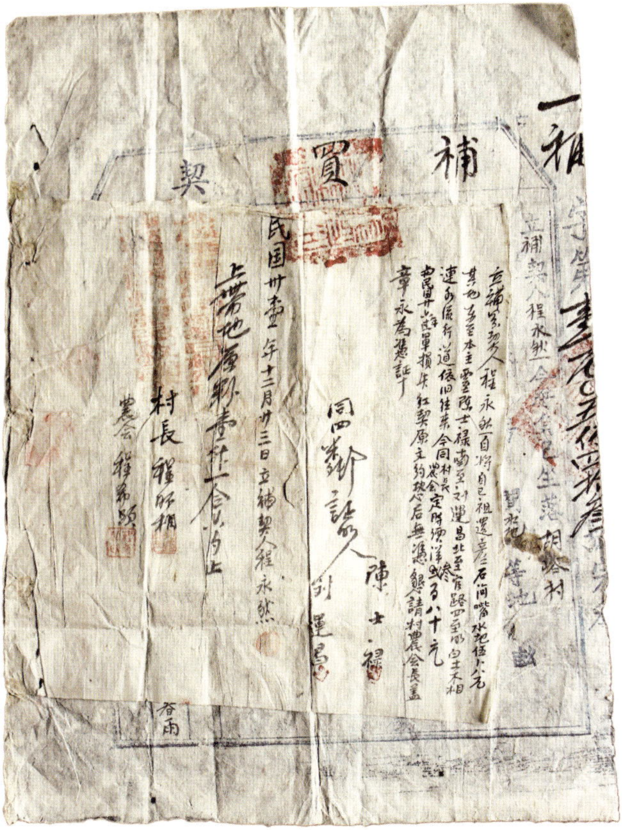

左 25 厘米 ×24 厘米　右 30 厘米 ×40 厘米

图 78

立补买契人程永然，自将自己祖遗产石河嘴水地伍分八厘，其地东至本主，西至陈士禄，南至刘运昌，北至官路，四至明白，土木相连，水流行道依旧往来。今同村长、农会定时价洋

叁百八十元。与民国廿六年过军损失红契原文约。恐后无凭，恳请村农会长盖章，永为凭证。（签押）

同四邻证明人　陈士禄（章）

刘运昌（章）

民国卅壹年十二月廿三日立补契人程永然

上带地原粮壹升一合六勺止

村长　程怀相（章）

农会　程希颐（章）

6. 民国三十二年（1943年）河南省涉县马布村申立政补契（图79）

立补死契文约人申立政，今将自己祖业地名上南平地壹段计地弍亩，其地东至李镇法，西至宋积仓，南至宋全福，北至宋积仓，四至明白，根条在内以旧往来，原界今侄产邻申万贵证明确系自业，并向政府税过。契因（民国）二十六年过溃军，将文约埋在土里拦（烂）坏。时请村长、农会盖章，照章补契，决定时价洋壹佰二十元正（整）。（签押）

民国三十二年弍月初四日　　立（签押）

后批本地原粮八升止

农会主任　申秉香（章）

村　　长　申金庠（章）

证 明 人　申万贵

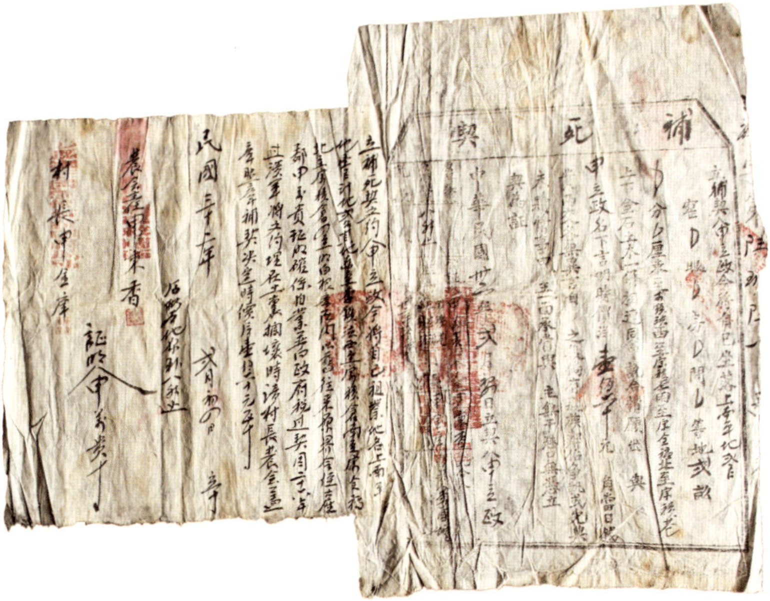

左 27 厘米 ×27 厘米　右 27 厘米 ×38 厘米

图 79

7. 民国三十二年（1943 年）河南省涉县江家村潘玉员补契（图 80）

立补契人潘玉员，因为祖业地王崖凹地四分，西至潘德林，东至潘金水，北至领（岭），南至领（岭），四至明白，土木石相连，水流旧道以故往来，时故（估）价洋肆拾元。此红契前经县府税过，被（避）民国二十七年住军队准备摇（窑）洞鼠咬破坏，割下无文。今同村长、农会住（主）任、四邻潘德林、潘伏全、潘正春等证，呈请县府源（原）补旧约。恐口不凭，立补契为证。

带本地元（原）粮叁合止（签押）

民国三十二年正月十八日　立补契人潘玉员（签押）

四邻证明　潘正春（签押）

潘德林（签押）

潘伏全（签押）

村　　长　张贵明（签章）

农　　会　潘洪旺（签章）

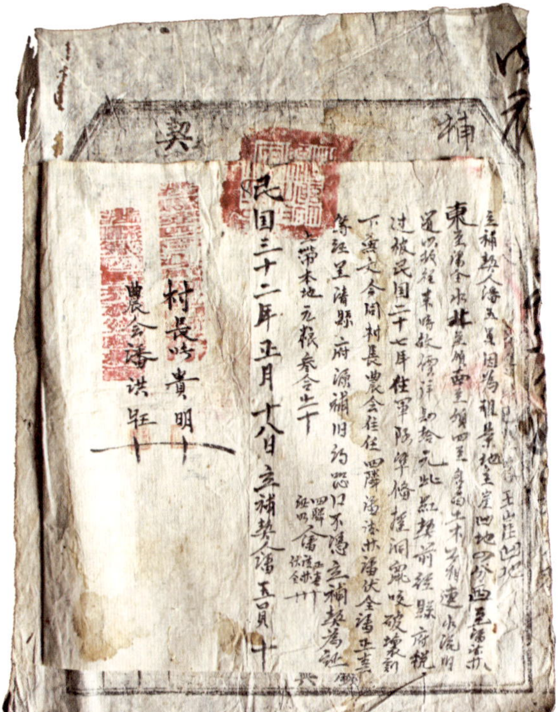

左 26 厘米 ×26 厘米　右 27 厘米 ×37 厘米

图 80

五、地方傀儡政权的土地契证

建立傀儡政权是日本“以华制华”政策的核心。眼看着未能达到迅速灭亡中国的目的，日本帝国主义在东北扶植伪满洲国的同时，又精心策划扶植地方傀儡政权，分别在中国的华北、华中、南京、内蒙古等地区，先后成立了伪冀东防共自治政府、伪察南自治政府、南京伪国民政府、伪蒙古联盟自治政府、伪晋北自治政府及一些地方“维持会”等应运而生。傀儡政权留下的土地契证，如今成了反映这一历史的珍贵的实物资料。

1. 民国二十七年（1938 年）伪察南自治政府串票（图 81）

伪察南自治政府于 1937 年 9 月 4 日在张家口建立。这个伪政权受日军在张家口的特务机关长叶冈安直及最高顾问金井章次的直接控制，以张家口为“首府”，管辖察哈尔南部 10 个县。1939 年 9 月，并入伪蒙古联合自治政府。

2. 民国二十九年（1940 年）伪蒙疆联合自治政府串票（图 82）

1939 年，侵华日军准备了以“在促进蒙疆地方统一，提高民生、民族协合的方针下，建设强有力的防共特殊地带”为要点的所谓“蒙疆建设基本计划”。9 月 1 日，伪察南自治政府、伪晋北自治政府和伪蒙古联盟自治政府合并在一起，成立了伪蒙疆联合自治政府。定张家口为“首都”，以成吉思汗纪元为

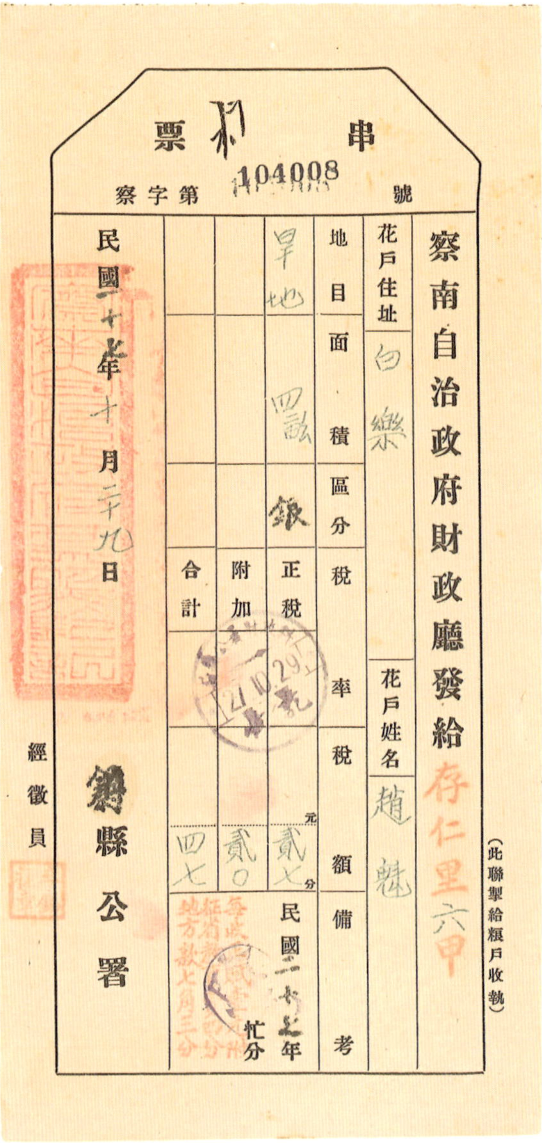

串票

察字第 104008 號

察南自治政府財政廳發給 存仁里六甲

（此聯掣給糧戶收執）

項目	內容
花戶住址	白樂
花戶姓名	趙魁
地目	旱地
面積	四畝
區分	銀
稅率	
稅額 正稅	貳七（元 分）
附加	貳〇
合計	四七
備考	民國二十七年 忙分

民國二十七年十月二十九日

經徵員

[illegible]縣公署

13 厘米 ×25 厘米

图 81

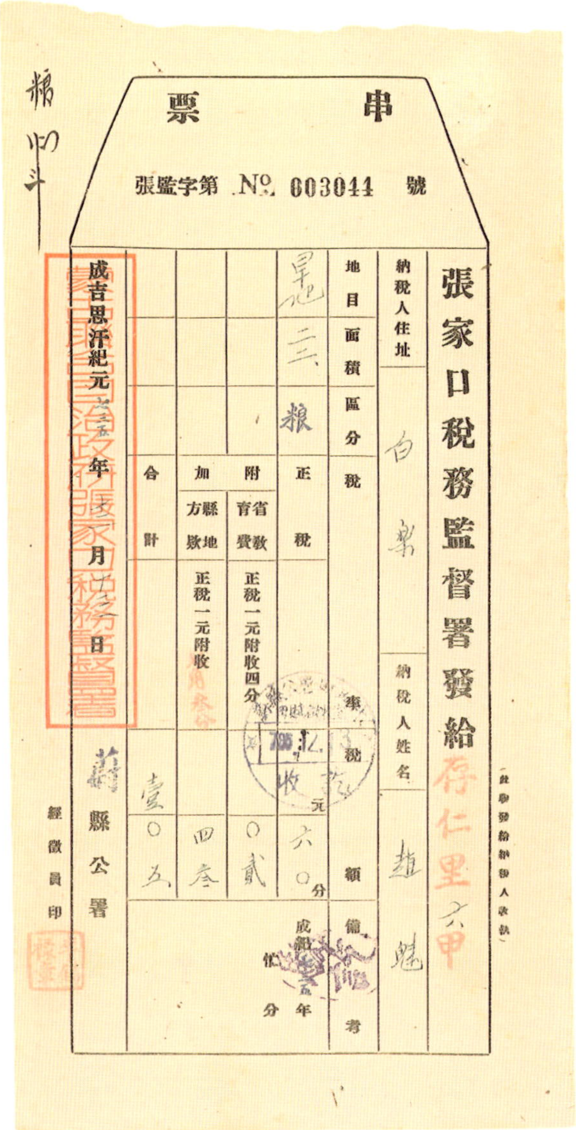
串票

張監字第 №. 003044 號

張家口稅務監督署發給

納稅人住址	納稅人姓名	地目面積區分稅	正稅	附加 省教育費	附加 縣地方款	合計
白樂	趙魁	旱地三、糧		正稅一元附收四分	正稅一元附收	
		稅率 稅額	六〇	貳〇	四叁	壹〇五

備考

成吉思汗紀元　年　月　日

縣公署

經徵員印

（註 此聯發給納稅人收執）

13 厘米 ×24 厘米

图 82

"年号"（将 1939 年改为成吉思汗 734 年）。1941 年 8 月，日本侵略者将"蒙疆政府"改为"蒙古自治邦"，大批日本人出任各级要职，一切活动都由日军直接指挥。

3. 民国三十四年（1945 年）伪蒙古联盟自治政府买地契（图 83）

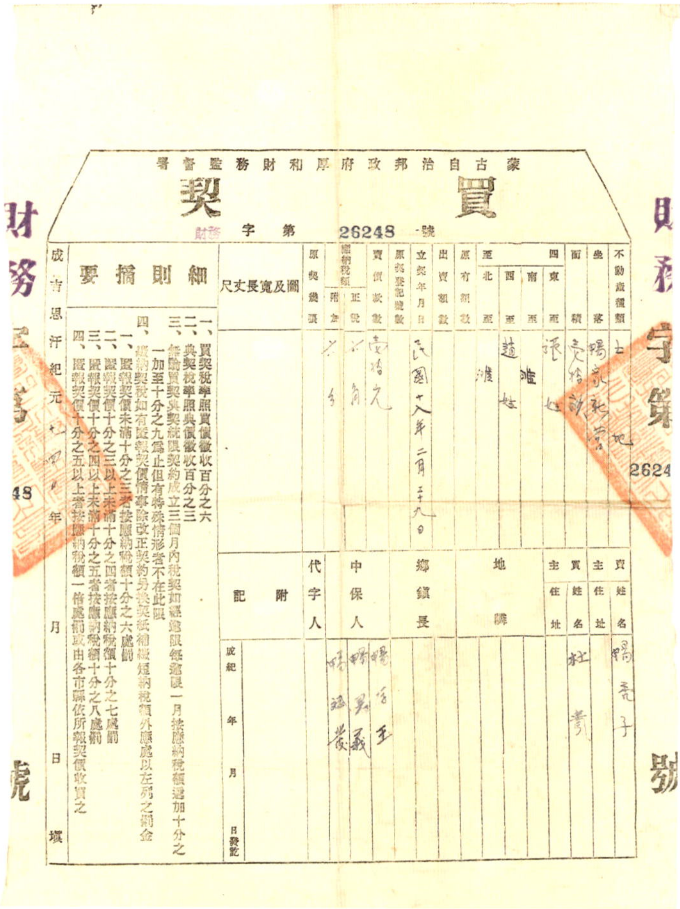
蒙古自治邦政府厚和財務監督署

買契

字第 26248 號

細則摘要

一、買契稅率照買價徵收百分之六
二、典契稅率照典價徵收百分之三
三、無論買契典契統限契約成立三個月內稅契如逾違限每逾限一月按應納稅額遞加十分之一加至十分之九為止但有特殊情形者不在此限
四、擬納契稅如有匿報契價情事除改正契約另換契紙補繳短納稅額外應處以左列之罰金
一、匿報契價未滿十分之三者按應納稅額十分之六處罰
二、匿報契價十分之三以上未滿十分之四者按應納稅額十分之七處罰
三、匿報契價十分之四以上未滿十分之五者按應納稅額十分之八處罰
四、匿報契價十分之五以上者按應納稅額一倍處罰或由各市縣依所報契價收買之

成吉思汗紀元 年 月 日 填

24 厘米 ×32 厘米，左为正面，后为背面

图 83

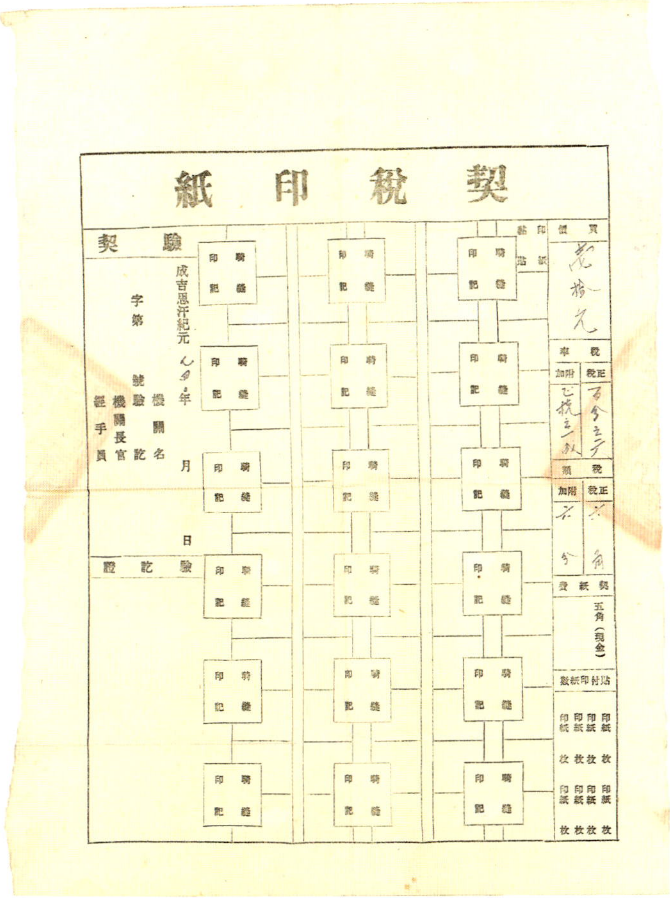
契稅印紙

驗契

成吉思汗紀元　　年　　月　　日驗

字第　　號

機關名

驗訖機關長官

經手員

驗訖證

騎縫印記

印紙黏貼

買價

稅率

正稅　附加

稅額

正稅　附加

契紙費

五角（現金）

貼付印紙數

印紙　枚　印紙　枚　印紙　枚　印紙　枚

印紙　枚　印紙　枚　印紙　枚　印紙　枚

4. 民国二十八年（1939 年）伪天津静海县治安维持会地方附加捐款收据（图 84）

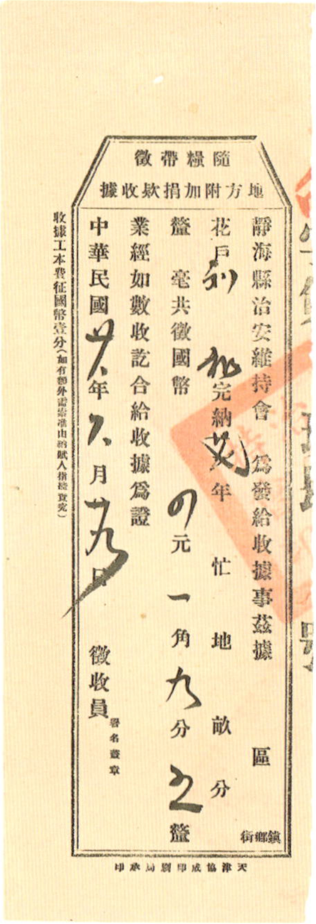

隨糧帶徵
地方附加捐款收據
靜海縣治安維持會　為發給收據事茲據　區　鎮鄉街
花戶 [illegible] 完納 [illegible] 年　忙　地　畝　分
釐　毫共徵國幣 四 元 一 角 九 分 二 釐
業經如數收訖合給收據為證
中華民國 廿八 年 六 月 廿九 日　徵收員（署名蓋章）
收據工本費征國幣壹分（如有額外需索准由納賦人指控查究）
天津協成印刷局承印

8.5 厘米 ×24 厘米

图 84

1937 年 7 月下旬，北平、天津相继沦陷，日本侵略者在两地分别成立了“治安维持会”。同年 12 月，日本侵略者为统一华北各地的伪政权，将平津两地的“维持会”与 1935 年成立的伪冀东防共自治政府合并，在北平中南海居仁堂成立“中华民国临时政府”，以北京为“首都”，控制了河北、山西、山东、河南等省的沦陷区和平津两市。这个傀儡政权建立后，在镇压人民的抗日运动、帮助日本侵略者进行经济掠夺等方面进行了很多罪恶活动，大肆出卖中国主权和国家民族利益。

5. 民国二十六年（1937 年）伪冀东防共自治政府征收田赋收据（图 85）

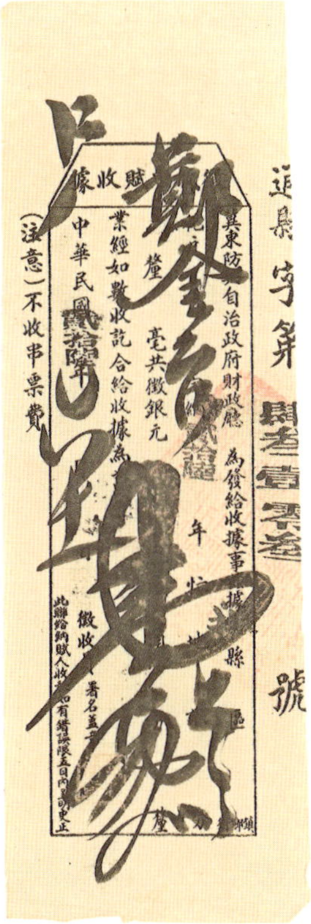
賦收據

冀東防共自治政府財政廳 為發給收據事據 縣 區

毫共繳銀元

業經如數收訖合給收據為

中華民國 年

徵收 署名蓋章

此聯給納賦人收執如有錯誤限五日內呈明更正

（注意）不收串票費

8 厘米 ×24 厘米

图 85

6. 民国二十六年（1937 年）伪晋北天镇自治政府征租执照（图 86）

1937 年 9 月 13 日，日军攻占山西省大同市。10 月 15 日，日本侵略者在大同扶植建立了伪晋北自治政府。“自治政府主席”夏恭是位清朝举人，年已七十多岁。日本人前岛升担任最高顾问，总揽一切政事，是伪晋北自治政府的“太上皇”。该伪政权统治晋北长城以内的 13 个县，150 万人口。1939 年 9 月，并入伪蒙疆联合自治政府。这张“征租执照”显示，伪自治政府一成立，就缴收军租和“附加剿匪费”。

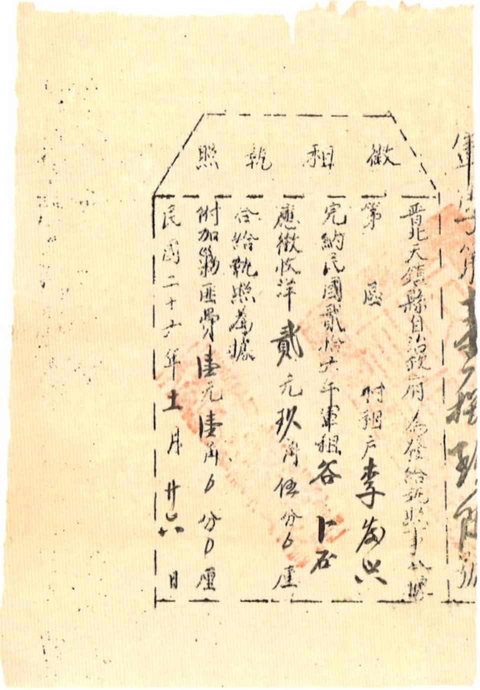
徵租執照
晉北天鎮縣自治政府 為發給執照事 照得
第 區 村租戶 李為興
完納民國貳拾六年軍租谷 上石
應徵收洋 貳元玖角伍分6厘
合給執照為據
附加剿匪費 壹元壹角6分0厘
民國二十六年 十一月 廿六 日

13 厘米 ×18 厘米

图 86

六、没收汉奸财产分配给村民的房地契

汉奸、特务与日军沆瀣一气，充当日寇的帮凶。他们出卖祖国，出卖人民，出卖中华民族的利益，祸国殃民。下面几张是抗日政权将从汉奸等处没收的财产分配给贫苦农民的契约。汉奸们的名字，也同时牢牢地刻在了历史的耻辱柱上。

1. 民国三十三年（1944 年）十一月山西省黎城县没收分配汉奸土地契约（图 87）

立分配汉奸遗产，黎城县政府兹将没收汉奸张耀地名沙拐壹段叁亩，地系南北界，东至王松鱼，西至张乃孩，南至杨文屏，北至河，四至书明，各照旧界依旧往来，大小根条一切在内。协同村长、农会分配与（内有磨湾柿树弍株）余林业名下永为死业并作价洋壹仟伍百元。希照契经业，特此证之。

民国三十三年十一月六日　黎城县政府立

协同　村　　长　李树华（签章）

农会主席　王里虎（签章）

契约盖有县政府、区公所、村公所及农民救国会印戳，右粘官制《死契》。

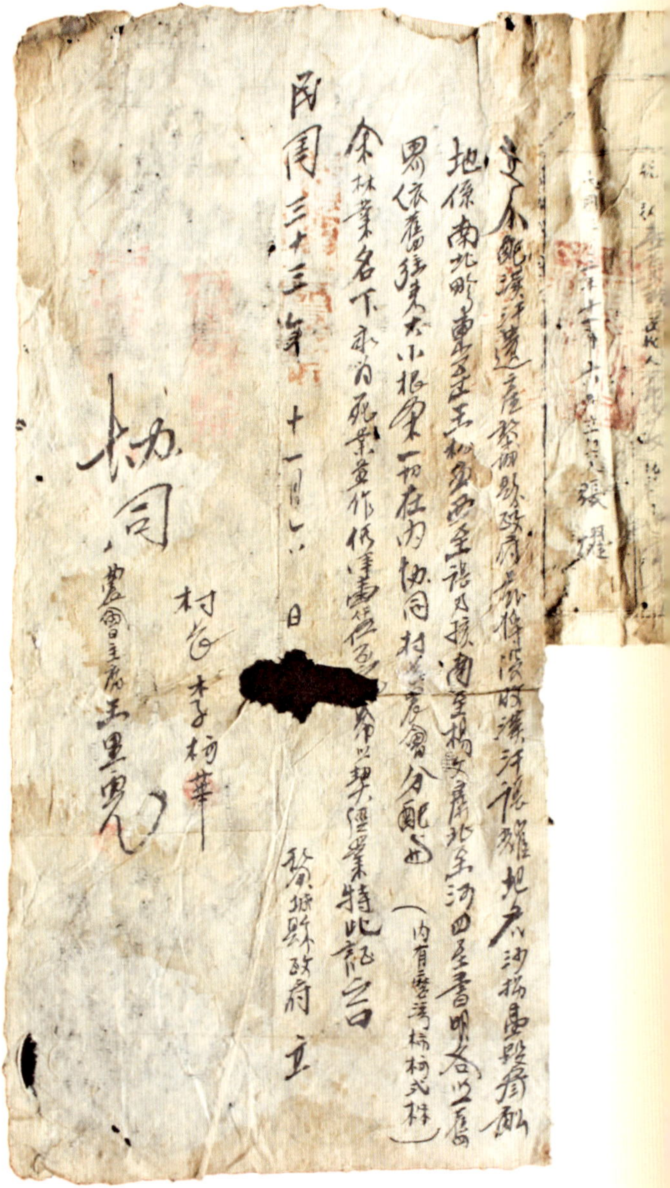

左 20 厘米 ×42 厘米　右 24 厘米 ×22 厘米

图 87

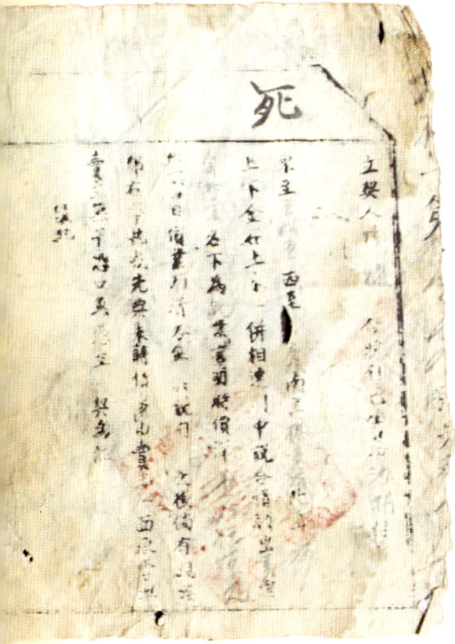
死

立契人

2. 民国三十三年（1944 年）十一月山西省黎城县没收分配汉奸房产契约（图 88）

立分配汉奸遗产，黎城县政府兹将没收汉奸张耀房上院东房三间窑三埇，窑房在东面、门、院、厕所全积纸上书明，各旧界依旧往来，大小根条一切在内。协同村长、农会分配与余林业名下永为死业并作价洋叁百元，希照契经业，特此证之。

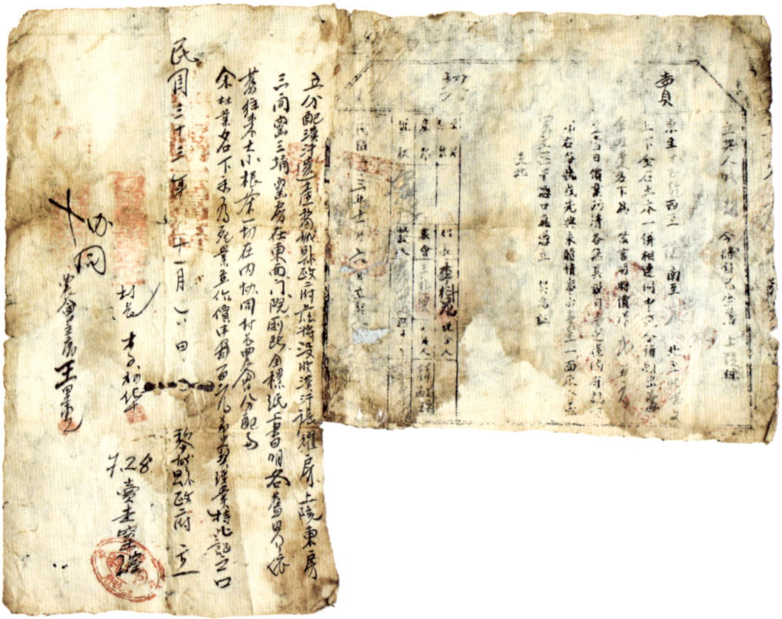

左 18 厘米 ×32 厘米　右 24 厘米 ×22 厘米

图 88

民国三十三年十一月六日　黎城县政府立

协同　村　　长　李树华（签章）

农会主席　王里虎（签章）

该契约下有“7.28（日）卖出窑2窑”批注，盖有县政府第二科椭圆形章，右粘的“卖契”中改为时价洋式百元。契约盖有县政府、区公所、村公所及农民救国会印戳。

3. 民国三十四年（1945年）五月山西省偏城县没收分配汉奸土地契约（图89）

立死契没收特务汉奸土地，地名罗家回地壹段陆分，今开四至东至王建吉，西至杜锦祥，南至王天昌，北至王九成，四至明白，大小根条一切在内，水流行道依旧往来。今同各级抗日干部按时作价洋叁佰元，当时杨连儒名下承为死业。恐口不凭，立死契为证。（签押）

村　　长　王建德（章）

农　　会　鹿光富（章）

财　　政　牛　芳

民国叁拾四年五月廿五日　立

契约盖有县政府、村公所及农民救国会印戳，右粘官制“死契”。

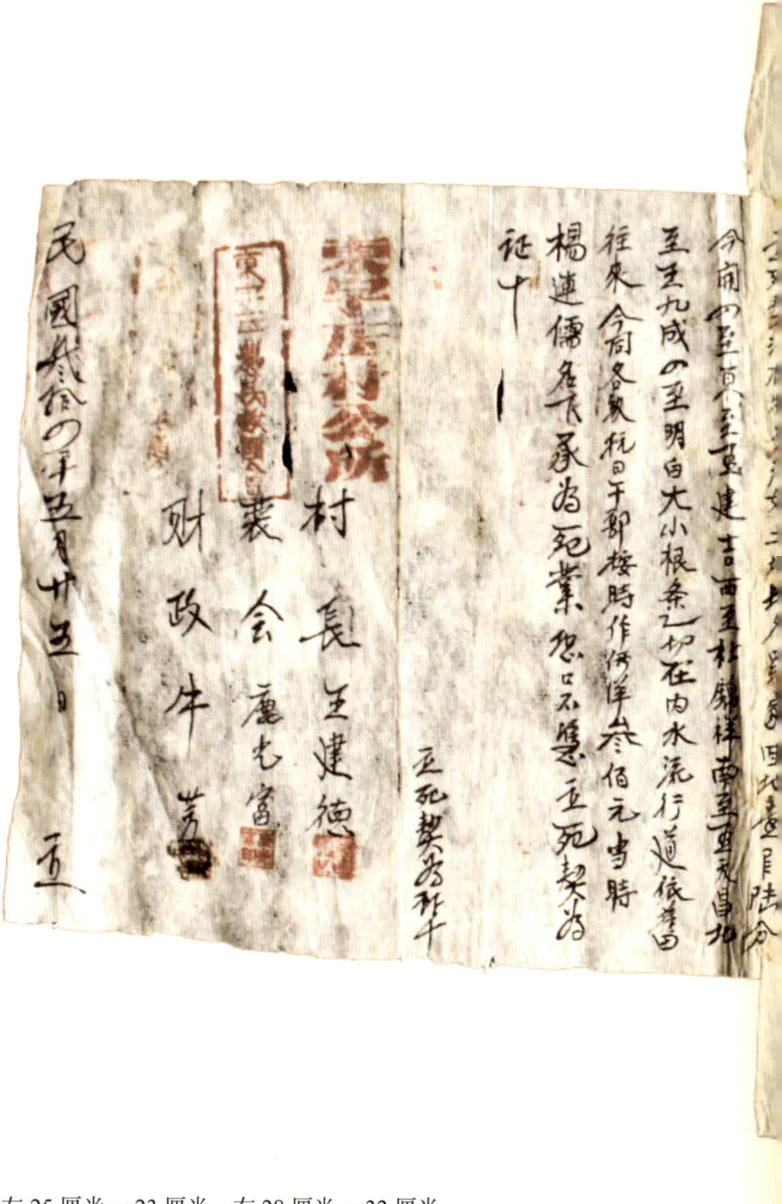

左 25 厘米 ×23 厘米　右 28 厘米 ×32 厘米

图 89

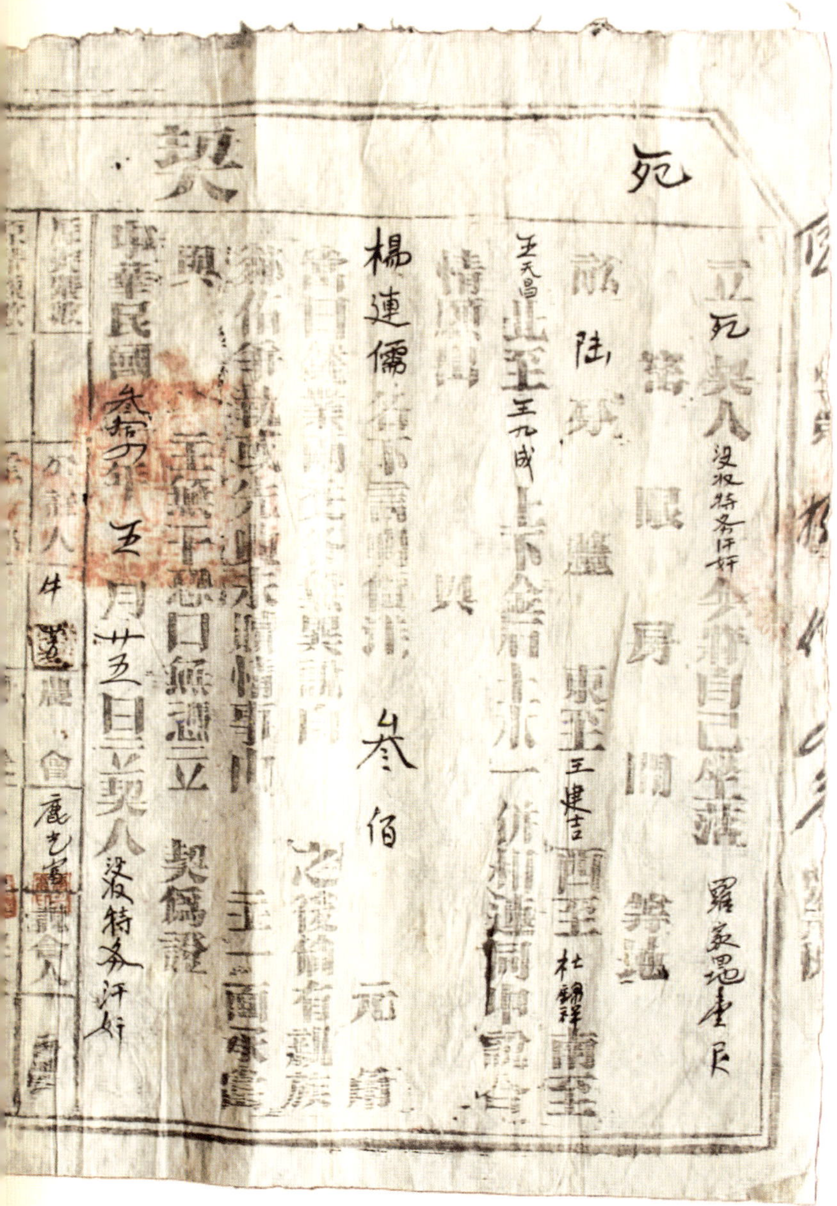
死
契
立死契人没收特务汉奸 罗家坨 村
陆
东至王建吉 西至杜锡祥
北至王天昌 上至王九成 上下金石土木一并相连
与
杨连儒 名下
叁佰 元
契为证
中华民国叁拾四年 五 月廿五日立契人没收特务汉奸
代书人 牛
鹿先富

七、见证日寇侵略的其他土地契证

这里的所谓其他土地契证，指的是在日本帝国主义侵华过程中，因勾结日寇的土匪的横行、伪军的胡作非为，一些农民丧失的土地契证，以及因日本的侵略战争，民间正常的契约关系无法履行，原有产权凭证遗失需要补办的土地契证。这从侧面证实了日本帝国主义侵略带给中国人民的灾难。

1. 民国三十三年（1944 年）因土匪汉奸过境失去的补地契（图 90）

立补契人任宜今有吉辽旱地壹处，其地上南至六峰申姓，下至沟口，东西二至分水岭，四至以里土木石金相连，水流行道依旧往来。按时价估计约值时洋六仟元，原有红契因刘匪过境失落。现有村长、农会及四邻可证，理合遵令续补，取得地主所有权。恐口不凭，立补契为证。

中华民国卅三年　月　日　　立补契人任宜

上带本地原粮壹斗止

村　　长　申　述

农会主任　任宪明

上盖“村农民救国会”、“抗日村公所”戳。

刘匪即刘桂堂，是流窜华北七省的巨匪、汉奸。他十几岁

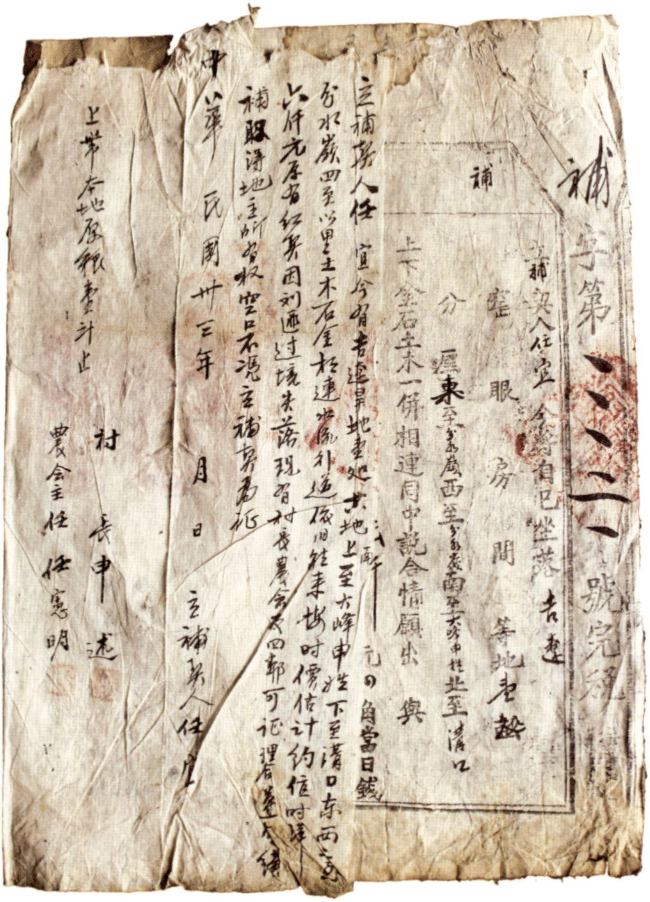

左 17 厘米 ×38 厘米　右 29 厘米 ×38 厘米

图 90

便开始拦路抢劫，1915 年开始土匪生涯，与一些土匪结拜为兄弟，活动于鲁南山区，到处打家劫舍，烧杀抢掠，不断围攻山东抗日根据地。从 1915 年到 1943 年，刘桂堂祸害华北七省近 30 年，多次投靠日本侵略者，军阀张宗昌、韩复榘等几动干戈未能剿除，最后在 1943 年 11 月被八路军击毙。

2. 民国三十四年（1945 年）正月山东省高密县因伪军修军事据点失去的地契换契（图 91）

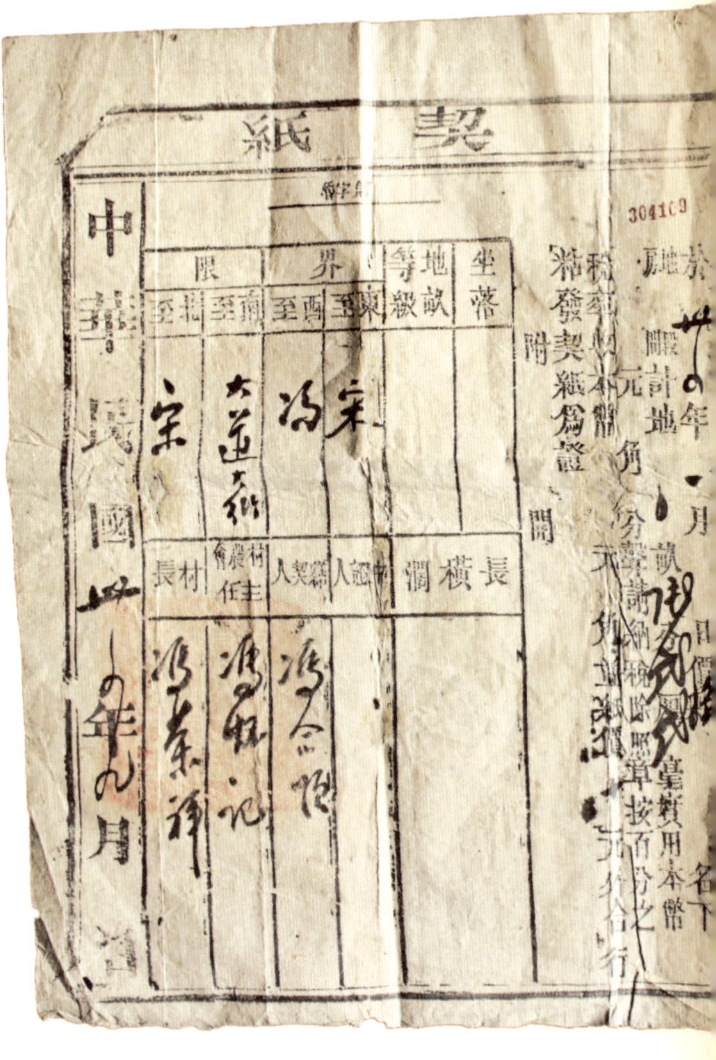

左 30 厘米 ×32 厘米　右 21 厘米 ×35 厘米

图 91

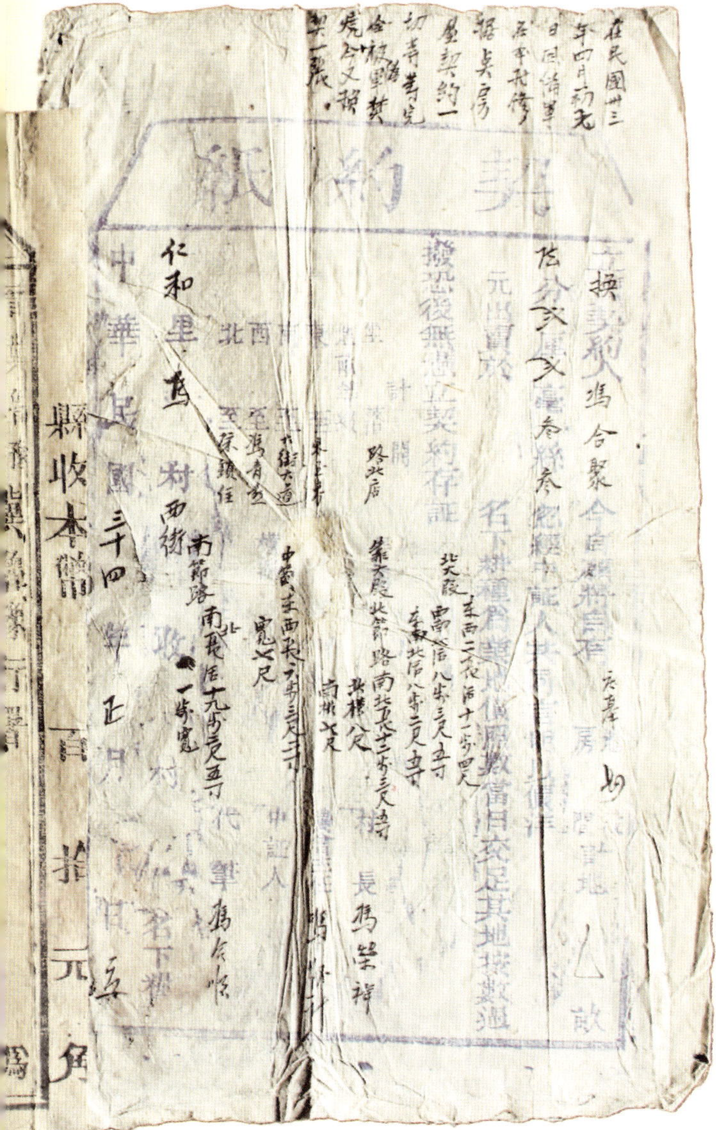
契約紙

这是民国三十四年（1945年）正月山东省高密县仁和里马村一冯姓农户的换庄基地契约。右边“契约纸”为所换土地的坐落、面积、四至。“契约纸”上首有手书的一段批注。批注说：“在民国卅三年四月因伪军在本村修据点，房屋契约一切等等完全被伪军焚烧，今又换契一张。”左边为晋冀鲁豫边区政府冀鲁豫行署对该户纳税后发给的验契纸。这份换契真实地记录了伪军的罪恶勾当。

3. 民国二十六—二十九年（1937—1940年）江苏省吴县兑粮合同（图92）

此“贷米证据”（图92）写于民国廿六年农历七月初七日，即1937年8月12日。其说的是江苏省吴县一位叫陶荣根的农民，向该县浒关救济院借到黄米五斗以作食米，约定“于立冬后二十天内缴还糙米六斗五升（黄米即北方的小米，价比糙米高），过期不还听凭专差追取，费用自愿负担”。上有担保人、证明人签字，盖有当地区公所公章。不料第二天即发生了“八一三”事变。8月13日，继“七七”卢沟桥事变后，日军以租界和停泊在黄浦江中的日舰为基地，对上海发动了大规模进攻。上海军民在全国人民的支持下，开始了历时3个月之久的抗击日本侵略军的壮烈战斗。“八一三”事变后，日本飞机继续在上海和江浙一带狂轰滥炸，给中国人民带来了深重灾难。这位陶姓农民也屋漏偏遭连夜雨，困苦之状可以想见。然而，当时的救济院不仅没有追取到期的款物，而且加大了救助的规模，丰富了救济的内容。直到民国二十九年十二月十六日，浒关救

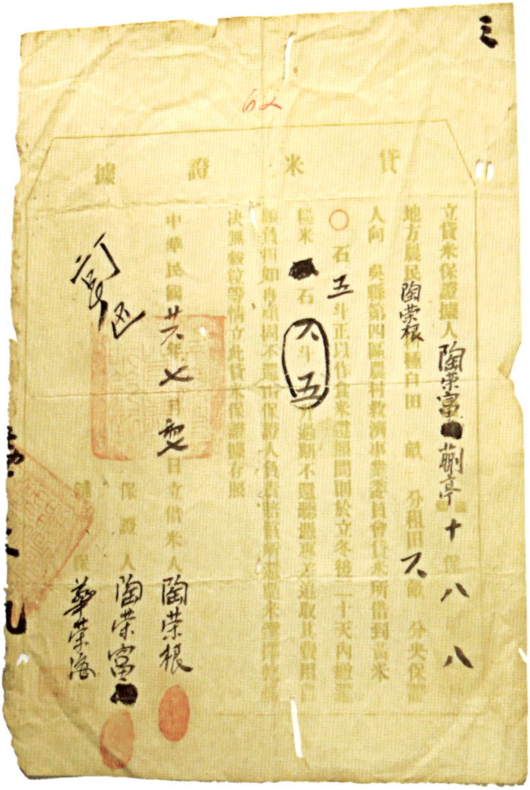

貸米證據

立貸米保證據人陶荣富

地方農民陶荣根

中華民國廿六年七月

立借米人陶荣根

保證人陶荣富

20 厘米 ×29 厘米

图 92

济院才向陶的担保人发出了催还借米的通知单（图 93）。通知说：“陶荣根于民国二十六年份向本院贷黄米五斗，适值事变未能清债，兹届时局平定，应请贵处通知原贷借人，将应还糙米六斗五升尅日送至北津桥北首源康米号，取回借据……”从通知看，虽时隔三年，救济院向借方仍按原约定还米，未有增加数量。借方接到通知后也还清了规定的糙米，取回了原来的“贷米证据”。

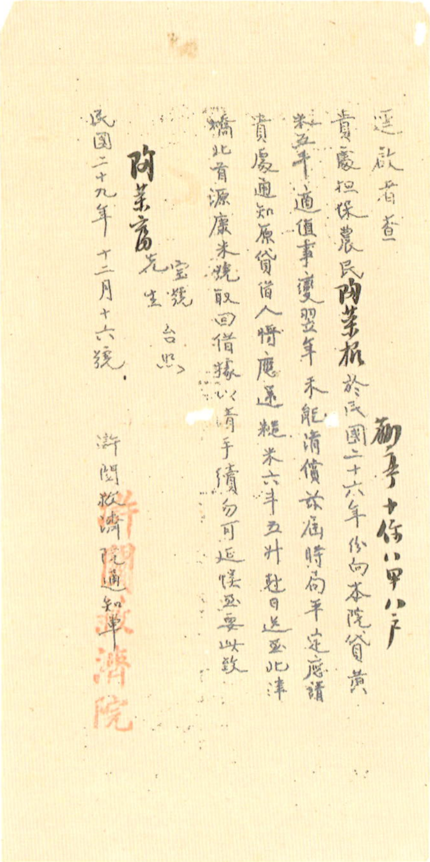

逕啟者查
貴處担保農民陶業根於民國二十六年份向本院貸黃
米五斗適值事變翌年禾能清償茲屆時局平定應請
貴處通知原貸借人將應還糙米六斗五升趁日送至北津
橋北首源康米號取回借據以清手續勿可延悞爲要此致
宝號台照
陶業高先生
滸關救濟院通知單
民國二十九年十二月十六號

13 厘米 ×25 厘米

图 93

救济院的出现，是近代社会保障思想发展的体现。南京国民政府成立后，救济院在江苏各地得到普遍设置。这份借贷合同，对救济院这一近代新式社会保障机构以及国民党抗战政策的研究提供了珍贵的实物资料，也为我们揭露日本的侵略罪行找到了活生生的证据。

4. 民国三十五年（1946 年）江苏省宝山县因抗战遗失而补发的“土地权利清理证明书”（图 94）

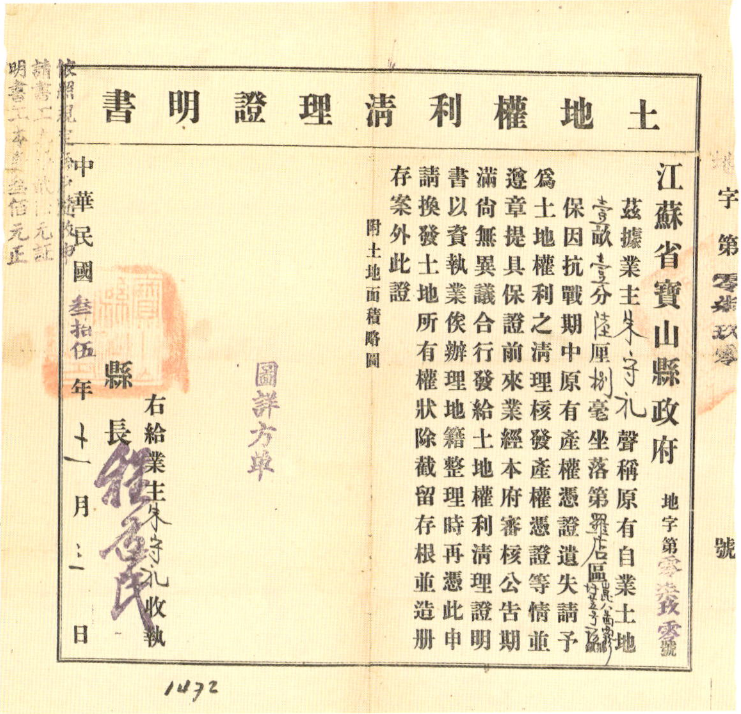

土地權利清理證明書

江蘇省寶山縣政府　地字第零柒玖零號

茲據業主朱守礼聲稱原有自業土地壹畝壹分陸厘捌毫坐落第羅店區

保因抗戰期中原有產權憑證遺失請予

爲土地權利之清理核發產權憑證等情並

遵章提具保證前來業經本府審核公告期

滿尚無異議合行發給土地權利清理證明

書以資執業俟辦理地籍整理時再憑此申

請換發土地所有權狀除截留存根並造册

存案外此證

附土地面積略圖

圖詳方單

右給業主朱守礼收執

縣長

中華民國叁拾伍年十一月三日

1472

32 厘米 × 32 厘米

图 94

这是民国三十五年（1946 年）十一月江苏省宝山县政府发的“土地权利清理证明书”。这位朱姓业主原有壹亩壹分陆厘捌毫自业土地，“因抗战期中原有产权凭证遗失”。经县政府审核，发给了该户土地权利清理证明书，然后可凭此证换发“土地所有权状”。这份证明书印证了当时江苏省宝山县遭受日军侵略和参加抗战的历史事实。

宝山县：宝山县位于上海市北部，地处黄浦江和长江的交汇点。原隶属江苏省松江专区。1958 年 1 月划归上海市管辖。1988 年 1 月，经国务院批准撤销宝山县，原境域成为新建的宝山区的一部分。

主要参考文献

《中国历代土地契证》　张德义　郝毅生主编　河北大学出版社（2008 年）

《古今赋税地籍票证》　陈国栋　郝毅生主编　内蒙古人民出版社（2009 年）

《历史遗珍赋税票——农业税变迁的见证》　郑焕明著　中国税务出版社（2007 年）

《中国赋税史》　孙翊刚主编　陈光焱副主编　中国税务出版社（2003 年）

《中国法制史》(第二版)　郭建　姚荣涛　王志强　上海人民出版社（2006 年）

《人圈——伪满集团部落纪实》　张志光　刘长江主编　辽宁人民出版社（1999 年）

《辽宁省土地志》　廖维满主编　辽宁大学出版社（2001 年）

《辞海——历史分册》　上海辞书出版社（1982 年）

后 记

上海人民出版社出版的《红色土地契证集粹》一书的实物资料，是从本人所收集的，与中国共产党的土地制度和土地政策有关的藏品中选取的。本书选入的土地契证中的日军侵华罪证，则是本人从日本帝国主义长达十四年的侵华战争中，留下的部分土地契证藏品中选取的。一个是革命文物，一个是侵略罪证，一“红”一“黑”，性质完全不同。但其相同的是，它们共同见证了近代中国走过的艰难曲折的历程，见证了中华儿女不畏强暴、敢于牺牲、敢于斗争、敢于胜利的民族精神，见证了中国共产党为民族独立、国家富强所显示的智慧和力量。

在我的《红色土地契证集粹》就要付印之时，上海人民出版社的曹培雷副总编辑和张晓玲编辑又建议我整理一下有关土地契证中的日军侵华罪证，再出一书，以永远牢记日本帝国主义侵略中国的历史。不忘国耻，让更多的民众，特别是青少年朋友铭记中华民族这一屈辱的历史，这是一个历史教育工作者的职责，我就这样接受了这个任务。在本书的出版过程中，又不断得到她们的关心和帮助，在此表示深深的谢意。本书在编写过程中除了参考了有关书籍和文献，同时也利用网络搜索了相关资料。特别令我感动的是，书稿完成后，河北省保定市原国土部全国土地志指导小组成员、土地契证收藏家、86 岁高龄的郝毅生先生不辞辛劳，对我的有关藏品，向所在地区的有关部门和有关人员作了认真的核实。我的恩师，浙江大学历史系金普森教授，尽管身体欠佳，还如同关心《红色土地契证集粹》一书那样，不时地惦记着本书的进展，在此一并表示由衷的感谢！

本书所用的实物资料均来自于民间和文物市场。为保持历史档案的原貌，书中涉及的人名，土地、房子的坐落等信息，未作技术方面的处理，务请利害关系人予以谅解和支持。

由于作者的知识水平和所收藏品资料的局限，加上编撰时间的仓促，肯定会有许多不足，也难免出现差错，恳请专家、读者批评指正。

2017年8月于沪上

图书在版编目(CIP)数据

土地契证中的日军侵华罪证/楼哉定编著. —上海:上海人民出版社,2017

ISBN 978-7-208-14612-9

Ⅰ.①土… Ⅱ.①楼… Ⅲ.①侵华事件-史料-日本 Ⅳ.①K265.606

中国版本图书馆 CIP 数据核字(2017)第 156739 号

责任编辑 张晓玲

装帧设计 范昊如 夏 雪

土地契证中的日军侵华罪证

楼哉定 编著

世 纪 出 版 集 团

上海人民出版社出版

(200001 上海福建中路 193 号 www.ewen.co)

世纪出版集团发行中心发行 常熟市新骅印刷有限公司印刷

开本 890×1240 1/32 印张 5.75 字数 115,000

2017 年 8 月第 1 版 2017 年 8 月第 1 次印刷

ISBN 978-7-208-14612-9/K·2657

定价 60.00 元